CAPITALISMO & SOCIALISMO
PROBLEMAS HISTÓRICO-POLÍTICOS

Editora Appris Ltda.
1.ª Edição - Copyright© 2025 dos autores
Direitos de Edição Reservados à Editora Appris Ltda.

Nenhuma parte desta obra poderá ser utilizada indevidamente, sem estar de acordo com a Lei nº 9.610/98. Se incorreções forem encontradas, serão de exclusiva responsabilidade de seus organizadores. Foi realizado o Depósito Legal na Fundação Biblioteca Nacional, de acordo com as Leis nos 10.994, de 14/12/2004, e 12.192, de 14/01/2010.

Catalogação na Fonte
Elaborado por: Dayanne Leal Souza
Bibliotecária CRB 9/2162

S454c
2025

Segatto, José Antonio
  Capitalismo & socialismo: problemas histórico-políticos / José Antonio Segatto. – 1. ed. – Curitiba: Appris, 2025.
  157 p. ; 23 cm. – (Coleção Ciências Sociais).

  Inclui referências.
  ISBN 978-65-250-7510-5

  1. Socialismo. 2. Reforma. 3. Revolução. 4. Igualdade. I. Segatto, José Antonio. II. Título. III. Série.

CDD – 320.531

Livro de acordo com a normalização técnica da ABNT

Appris editorial

Editora e Livraria Appris Ltda.
Av. Manoel Ribas, 2265 – Mercês
Curitiba/PR – CEP: 80810-002
Tel. (41) 3156 - 4731
www.editoraappris.com.br

Printed in Brazil
Impresso no Brasil

José Antonio Segatto

CAPITALISMO & SOCIALISMO
PROBLEMAS HISTÓRICO-POLÍTICOS

Appris editora

Curitiba, PR
2025

FICHA TÉCNICA

EDITORIAL	Augusto Coelho
	Sara C. de Andrade Coelho

COMITÊ EDITORIAL E CONSULTORIAS:
- Ana El Achkar (Universo/RJ)
- Andréa Barbosa Gouveia (UFPR)
- Antonio Evangelista de Souza Netto (PUC-SP)
- Belinda Cunha (UFPB)
- Délton Winter de Carvalho (FMP)
- Edson da Silva (UFVJM)
- Eliete Correia dos Santos (UEPB)
- Erineu Foerste (Ufes)
- Fabiano Santos (UERJ-IESP)
- Francinete Fernandes de Sousa (UEPB)
- Francisco Carlos Duarte (PUCPR)
- Francisco de Assis (Fiam-Faam-SP-Brasil)
- Gláucia Figueiredo (UNIPAMPA/ UDELAR)
- Jacques de Lima Ferreira (UNOESC)
- Jean Carlos Gonçalves (UFPR)
- José Wálter Nunes (UnB)
- Junia de Vilhena (PUC-RIO)
- Lucas Mesquita (UNILA)
- Márcia Gonçalves (Unitau)
- Maria Margarida de Andrade (Umack)
- Marilda A. Behrens (PUCPR)
- Marília Andrade Torales Campos (UFPR)
- Marli C. de Andrade
- Patrícia L. Torres (PUCPR)
- Paula Costa Mosca Macedo (UNIFESP)
- Ramon Blanco (UNILA)
- Roberta Ecleide Kelly (NEPE)
- Roque Ismael da Costa Güllich (UFFS)
- Sergio Gomes (UFRJ)
- Tiago Gagliano Pinto Alberto (PUCPR)
- Toni Reis (UP)
- Valdomiro de Oliveira (UFPR)

SUPERVISORA EDITORIAL	Renata C. Lopes
PRODUÇÃO EDITORIAL	Sabrina Costa da Silva
REVISÃO	Camila Dias Manoel
DIAGRAMAÇÃO	Andrezza Libel
CAPA	Carlos Pereira
REVISÃO DE PROVA	Ana Castro

COMITÊ CIENTÍFICO DA COLEÇÃO CIÊNCIAS SOCIAIS

DIREÇÃO CIENTÍFICA: Fabiano Santos (UERJ-IESP)

CONSULTORES:
- Alícia Ferreira Gonçalves (UFPB)
- Artur Perrusi (UFPB)
- Carlos Xavier de Azevedo Netto (UFPB)
- Charles Pessanha (UFRJ)
- Flávio Munhoz Sofiati (UFG)
- Elisandro Pires Frigo (UFPR-Palotina)
- Gabriel Augusto Miranda Setti (UnB)
- Helcimara de Souza Telles (UFMG)
- Iraneide Soares da Silva (UFC-UFPI)
- João Feres Junior (Uerj)
- Jordão Horta Nunes (UFG)
- José Henrique Artigas de Godoy (UFPB)
- Josilene Pinheiro Mariz (UFCG)
- Leticia Andrade (UEMS)
- Luiz Gonzaga Teixeira (USP)
- Marcelo Almeida Peloggio (UFC)
- Maurício Novaes Souza (IF Sudeste-MG)
- Michelle Sato Frigo (UFPR-Palotina)
- Revalino Freitas (UFG)
- Simone Wolff (UEL)

À memória de

Raimundo Santos e Giovani Menegoz.

O destino que coube neste mundo à filosofia de Marx — sua espetacular ascensão ao poder e sua queda do poder, igualmente espetacular, que se os autodenominou marxista até o momento de sua morte — baseou-se num paradoxo: a filosofia de maior potencial de conversão em práxis política, entre todas as filosofias, carecia de uma teoria política. Existe uma surpreendente similitude entre a escatologia de Marx e a dos primórdios da cristandade, que surgiu do Velho Testamento e da Lei Judaica.

(Ferenc Fehér, 1992, p. 23)

O pensamento do velho Karl é uma máquina diabólica: sequestra o leitor que não encontra saída fácil. Precisa de muito esforço para se livrar de suas engrenagens e não o faz sem deixar marcas indeléveis. De sua obra teórica ficaram resíduos sólidos, incorporados definitivamente à consciência da humanidade.

(Antonio Delfim Netto, 2017, p. A2)

Pode-se no máximo dizer que o socialismo marxista era, para seus adeptos, um apaixonado compromisso pessoal, um sistema de esperança e crença, que tinha algumas características de uma religião secular [...] e, talvez, mais objetivamente que, assim que virou um movimento de massa, a teoria sutil se tornou na melhor das hipóteses um catecismo; na pior, um símbolo de identidade e lealdade, como uma bandeira que deve ser saudada.

(Eric J. Hobsbawm, 1995, p. 378)

UTOPIAS E IDEOLOGIAS, TEORIAS E PROJETOS SOCIOPOLÍTICOS

Durante quase dois séculos, uma gama extraordinária de concepções utópicas e projetos sociais de natureza revolucionária e/ou reformista — jacobinos, anarquistas, socialistas, social-democratas, comunistas, trabalhistas etc., em inúmeros matizes — emergiu e expandiu-se em todos os países e continentes. Visavam superar, em maior ou menor grau — de radicalismo e intensidade ou de contenção e regulação —, as relações de produção de dominação, exploração e alienação intrínsecas ao capitalismo (consensual em sua maioria, mesmo com entendimentos variáveis) e criar uma nova sociedade, igualitária e libertária, justa e fraterna, na qual os trabalhadores estariam libertos da opressão e da iniquidade. Legatários dos lemas e/ou intentos da Revolução Francesa, esses movimentos despertaram a esperança de emancipação dos trabalhadores em particular, mas também da sociedade em geral — alguns declinaram e pereceram ou transfiguram-se em verdadeiras seitas (anarquismo, correntes do movimento comunista); outros ganharam amplitude excepcional e passaram mesmo a competir com as classes dominantes (social-democratas, socialistas, trabalhistas) na luta pela gestão do Estado, responsável por promover mudanças que ampliaram direitos de cidadania, construindo Estados de bem-estar social; ou, ainda, o movimento comunista que realizou revoluções em diversos países e regiões, operando transformações de monta e, em inúmeros casos, dirigindo lutas e/ou mobilizações por direitos de cidadania (sociais, políticos, civis) e pela democracia — as experiências comunistas, entretanto, redundaram, frequentemente, em regimes autoritários-burocráticos ou de cariz autocrático (URSS, Leste europeu, Coreia do Norte, China, Cuba etc.), em sua maioria, e feneceram tragicamente e/ou metamorfosearam-se (China, Vietnã, Laos, Camboja etc.), levando de roldão o movimento comunista e suas organizações nacionais em todo o mundo.

O socialismo pioneiro ou utópico, na caracterização de F. Engels (1975, p. 27-37), descendente do Iluminismo, de J. J. Rousseau especialmente, teve, entre seus primeiros ideólogos militantes jacobinos, G. Babeuf e F. Buonaroti como protagonistas de maior visibilidade. "Uma direta linha descendente liga a 'conspiração dos iguais' de Babeuf, através de Felipe Buonaroti, às associações revolucionárias de Blanqui nos anos 30". Estas, por seu turno, tiveram continuidade por meio da Liga dos Justos, constituída por exilados alemães na França, transformada posteriormente na Liga dos Comunistas (HOBSBAWM, 1979b, p. 40).

Uma outra corrente, precursora da utopia socialista, teve como expressão Saint-Simon, Fourier e Owen no início do século XIX.

> Robert Owen (1771-1858), inglês, achava possível uma saída positiva e relativamente [menos iníqua] para os problemas derivados da desigualdade, e que os cientistas poderiam abordar onde a revolução falhara. Henri Saint-Simon (1760-1825), francês, organizava os recém-convertidos cristãos para cobrarem reformas administrativas modernizadoras. E Charles Fourier (1772-1837), também francês, desiludido com a Revolução Francesa, passou a concentrar suas esperanças na construção de um falanstério, no qual o grupo pioneiro mostraria à humanidade que a vida poderia ser melhor e a sociedade ser mais justa. (KONDER, 2010, p. 42-43).

Todas essas vertentes tinham, de modo genérico, como base a "organização social fundada no trabalho livre e igual dos produtores", na noção de autogoverno dos trabalhadores. "Da própria produção organizada de maneira justa deveria resultar a forma de vida comunal dos trabalhadores livremente associados" (HABERMAS, 2009, p. 237).

L. A. Blanqui, herdeiro direto, pode-se dizer, do jacobinismo, dedicou-se a criar círculos conjurados (sociedades secretas) visando tomar de assalto o poder estatal pela violência (*putsch* revolucionário) na forma de ditadura para, segundo seus intentos, libertar o proletariado da opressão de classe.

Simultaneamente ao blanquismo, emergiu, nos anos 1840-70, uma outra tendência de índole socialista, defendendo não a destruição da sociedade capitalista, mas preparar sua superação futura — procurava manter o movimento operário-sindical à margem da política, propugnando a criação de cooperativas de crédito, por meio do mutualismo de produtores autônomos. Observe-se que, embora o embasamento teórico e os projetos socialistas proudhonianos e blanquistas fossem bastante rudimentares, tiveram razoável influência, sobretudo, na revolta de 1848 na França, e preponderantes entre as lideranças da Comuna de Paris (1871) — Proudhon viria a ser, inclusive, um dos precursores do anarquismo e algumas teses de Blanqui (ditadura do proletariado, assalto ao poder do Estado) foram absorvidas, transfiguradas evidentemente, por K. Marx e incorporadas à práxis bolchevique por V. I. Lenin e L. Trotsky.

O anarquismo em suas variadas orientações — evolucionista de P. Kropotkin e J. Grave; anarcossindicalismo e/ou da ação direta de Bakunin, Malatesta e outros — tinha muitos elementos em comum: abolição do Estado e da sociedade de classes; rejeição à organização partidária, à participação eleitoral e parlamentar, ou seja, o combate à opressão sem a mediação de órgãos de representação política; repúdio às atividades caritativas e mutualistas; combate ao cristianismo e a quaisquer outras religiões.

A corrente anarcossindicalista ou do sindicalismo revolucionário, em particular, defendia o combate à sociedade burguesa por meio da ação direta — espontaneidade, luta econômica, rebelião proletária — e via greve geral como forma de destronar o capitalismo e de implantar a autogestão social. Alguns grupos chegaram a adotar a prática de ações violentas, como atentados contra autoridades governamentais, patrões, padres etc. Bakunin chegou a ter alguma influência na I Internacional.

De modo geral, o anarquismo teve presença de relevo em alguns países e regiões até os anos 1920-30: França, Espanha, regiões da Itália, Rússia, bem como em alguns países da América Latina. Não obstante a crítica radical e as denúncias da opressão de classe, seus projetos eram etéreos e fugazes — compostos por grupos, círculos, confrarias, os movimentos libertários foram extremamente ativos nas ações e mobilizações reivindicativas e grevistas, nas lutas por direitos e contra o belicismo, na organização de sindicatos e associações culturais, na publicação e difusão de jornais, revistas, livros e muitas outras ações. Alvos de constante perseguição e ferrenha repressão, foram marginalizados e tornados, de certo modo, um movimento excêntrico. Foram, de outro modo e indubitavelmente, decisivos para a decadência dos movimentos libertários, a reorganização da produção capitalista e das relações de trabalho, a criação do movimento comunista internacional após a tomada do poder pelos bolcheviques na Rússia (1917) com a fundação da III Internacional (1919).

Todavia, o divisor de águas do movimento socialista viria a ser as formulações de Karl Marx e Friedrich Engels, nomeadamente o primeiro. Marx realizou uma interpretação do modo de produção capitalista como formação histórica, não eterna ou mesmo transitória — ou seja, elaborou uma teoria crítica do capitalismo e da sociedade burguesa, bem como de sua possível ultrapassagem por meio da criação de um novo ordenamento socioeconômico e político (socialismo). A teoria social de Marx viria a tornar-se ideia-força consagrada nas últimas décadas do século XIX e ao longo de todo o século XX.

Sua formação teórico-histórica e política adveio de muitas e variadas fontes: filosofia clássica alemã (Hegel e Feuerbach, especialmente), socialismo utópico, economia política inglesa (Adam Smith e David Ricardo), Iluminismo (G. B. Vico, B. Spinoza, C. L. Montesquieu, J. J. Rousseau), jacobinismo, blanquismo e proudhonismo, bem como uma certa dose do evolucionismo de Darwin e outros elementos de pensadores diversos. Nesse sentido cremos ser verossímil a proposição segundo a qual Marx seria legatário do pensamento e da grande cultura antiga e moderna.

O marco fundador dessa original interpretação histórico-política da sociedade burguesa, e a previsão de sua ultrapassagem revolucionária, que possibilitaria o trânsito para o socialismo, seria, indubitavelmente, o **Manifesto do partido comunista**, de 1848. Elaborado — sob encomenda da Liga dos Comunistas e a partir de um esboço feito por Engels — por Marx, inaugurou de fato a moderna matriz da cultura política e da práxis socialista, aquilo que Engels (1975, p. 60), posteriormente, caracterizaria, inapropriadamente, de socialismo científico.

Redigido com um enfoque imperativo, o documento faz uma síntese histórica da gênese do desenvolvimento do capitalismo, suas contradições e o engendramento de mecanismos de exploração e opressão do proletariado pela burguesia. Expõe algumas teses ainda preliminares, como: a tendência à crescente polarização de classes entre o proletariado e a burguesia; o proletariado estaria condenado à pauperização absoluta e, portanto, não teria nada a salvaguardar com o desmantelamento da sociedade burguesa, a não ser seus grilhões; as contradições da sociedade capitalista levariam à explosão de uma "revolução aberta" pela qual "o proletariado estabelece sua dominação pela derrubada violenta da burguesia"; a revolução proletária seria inevitável — "a burguesia produz seus próprios coveiros"; o proletariado como agente revolucionário fundamental teria a missão de tomar de assalto o Estado ("comitê executivo da burguesia"), destruir a ordem existente e implantar uma nova formação social (MARX; ENGELS, 1977, p. 51-116).

Essas teses seriam retomadas a seguir em outros escritos de 1848 denominados *Crise e contra-revolução* (COUTINHO, 1994, p. 22) e na *Mensagem do Comitê Central da Liga dos Comunistas* de 1850 (MARX; ENGELS,

SUMÁRIO

PRÓLOGO 11

1
UTOPIAS E IDEOLOGIAS, TEORIAS E PROJETOS SOCIOPOLÍTICOS.......13

2
REFORMA E REVOLUÇÃO 25

3
INTERNACIONALISMO E NACIONALISMO 39

4
SOCIALISMO SOVIÉTICO... 53

5
MARXISMO(S), DETERMINISMO E DOUTRINARISMO 71

6
IMPERIALISMO E PROJETOS NACIONAL-ESTATISTAS.................... 87

7
SOCIALISMO REAL 107

8
REFORMISMO, *WELFARE STATE* E DEMOCRACIA 113

9
DESVENTURAS E PERECIMENTO DE PROJETOS E EXPERIÊNCIAS SOCIALISTAS... 123

REFERÊNCIAS... 145

PRÓLOGO

Este livro consiste numa tentativa de interpretação de uma extensa época histórica, abarcando cerca de um século e meio, que pode ser delimitada, *grosso modo*, entre 1848 — aberta com a entrada no cenário político de trabalhadores fabris e intelectuais socialistas, coincidente com a publicação do projeto inaugural do movimento socialista, o **Manifesto do partido comunista**, de autoria de Karl Marx e Friedrich Engels — e 1989, com a explosão da crise, latente e/ou crônica, que abalou a social-democracia e o *Welfare State*, concomitante ao colapso do socialismo real e do Movimento Comunista Internacional.

No decorrer desse longo processo histórico, o movimento socialista — em suas diferentes versões e matizes — desempenhou protagonismo primordial nas transformações operadas nas sociedades capitalistas ou não capitalistas. Conquanto não tenha realizado de modo congruente suas promessas capitais — instalação de uma sociedade libertária, emancipada, equânime, fraterna, venturosa —, foi, em grande medida, responsável por sensíveis melhoras das condições de existência de uma parcela significativa dos trabalhadores em, praticamente, todo o mundo — de outro modo, em vários países e/ou regiões (periféricas) contribuiu, inclusive e de modo perceptível, para a expansão e/ou modernização capitalista.

Demais disso, mobilizou muitos milhões de seres sociais, homens e mulheres, trabalhadores fabris e rurais, intelectuais e manuais e de serviços em geral, em torno de uma utopia deveras generosa — devotos de uma doutrina de fé ou informados por uma teoria social, foram convertidos em sujeitos de uma práxis social, prenhes de esperança na construção de um paraíso terreno.

Movimento errático, entretanto, com suas virtudes e vicissitudes, incapaz de atualizar sua práxis e sua cultura política, perdeu-se no caminho — sem norte, viu-se privado do fascínio que exerceu no passado e seu horizonte parece ter sido tornado nebuloso e/ou inacessível; desencantou-se.

A interpretação lógico-sistemática daquele processo histórico-político, presumimos, fornece elementos e subsídios necessários para a compreensão de seus múltiplos aspectos, tanto particulares como universais. Logo, a pequena síntese histórica — de antagonismo e consonância, de transformação e regulação dos liames entre capitalismo e socialismo

— exposta nos nove capítulos que compõem o nosso estudo e que podem ser lidos como uma totalidade complexa e una ou, se decompostos, serem examinados e/ou compreendidos isoladamente, apartados uns dos outros — observe-se que muitas das questões, postas em uns, são retomadas e/ou reiteradas em outros. A propósito, é válido consignar que essa breve história foi elaborada visando servir à geração formada nas três últimas décadas, nos anos posteriores, portanto, à crise dos projetos e experimentos socialistas — para os experts, é possível que não apresente nenhuma contribuição original para sua compreensão; mas, para os não iniciados no conhecimento dessa história, poderá vir, acreditamos, a ser uma contribuição útil, inclusive para despertá-los para a necessidade do exercício da práxis política como cidadãos ativos, como sujeitos transformadores.

Foi, por outro lado, realizado tendo como substrato uma bibliografia clássica, conjuminada com outras obras que contêm contribuições analíticas expressivas — a ela foram apensadas teses, possivelmente com alguma originalidade; atente-se ainda para o fato de que boa parte das obras que compõem a análise e que constam das referências bibliográficas não são simplesmente meros testemunhos e documentos ou interpretações e formulações sociopolíticas de agentes, stricto sensu, daquela história, mas sobretudo personificação dos elementos constituintes do processo histórico-político das relações entre capitalismo e socialismo — ou seja, serviram como instrumentos promotores da práxis histórica e encarnação de sua cultura política.

Saliente-se, ainda, que este livro é resultado de leituras e pesquisas, debates e palestras, intervenções políticas e intelectuais realizadas nas quatro ou cinco décadas precedentes. E por fim devo agradecer aos muitos colegas e/ou amigos, companheiros de militância e na práxis política, interlocutores políticos e/ou intelectuais de longa data.

1977, v. 3, p. 82-93), com alguns acréscimos: a necessidade de o proletariado constituir-se em partido independente; a instituição de uma ditadura do proletariado como fase da transição para a sociedade comunista; nesta fase, impunha-se a exigência de tornar a "revolução permanente" (CLAUDIN, 1975, p. 311-312). Observe-se que essas teses — repostas nas análises de Marx sobre a Comuna de Paris — tiveram como referência o paradigma da Revolução Francesa de 1789 e seus desdobramentos, o período jacobino. Em 1848 Marx chegou, inclusive, a afirmar que: "O jacobinismo de 1793 tornou-se o comunismo de hoje". Logo, "não surpreende que Lenin não escondesse sua forte admiração pelo jacobinismo" (HOBSBAWM, 1996, p. 56).

Pouco tempo depois, em 1852, as análises de Marx ganhariam um refinamento mais elaborado — do Estado e da política — no livro **O 18 do brumário de Luís Bonaparte**. Nos manuscritos de 1857/58, **Grundrisse** (publicados postumamente, no final dos anos 1930), e no **O capital** (1867), expôs de forma sistemática o movimento de constituição do capitalismo como relação social, revelando a lógica e os segredos da valorização do capital — com esta compreensão, mais elaborada, Marx pôde indicar outras possibilidades de superação do capitalismo. No famoso *Prefácio* à **Contribuição para a crítica da economia política** (1859), mostrou, de modo sintético, as conclusões a que havia chegado em seus estudos até aquele momento:

> [...] na produção social de sua existência, os homens estabelecem relações determinadas, necessárias, independentes de sua vontade, relações de produção que correspondem a um determinado grau de desenvolvimento das forças produtivas materiais [...] O modo de produção da vida material condiciona o desenvolvimento da vida social, política e intelectual em geral. Não é a consciência dos homens que determina o seu ser; é o seu ser social que, inversamente, determina a sua consciência. Em certo estádio de desenvolvimento, as forças produtivas materiais da sociedade entram em contradição com as relações de produção existentes ou, o que é a expressão jurídica, com as relações de propriedade no seio das quais se tinham movido até então. De formas de desenvolvimento das forças produtivas, estas relações transformam-se em seu entrave. Surge então uma época de revolução social [...] A traços largos, os modos de produção asiático, antigo, feudal e burguês moderno podem ser qualificados como épocas progressivas de formação

econômica da sociedade. As relações de produção burguesas são a última forma contraditória do processo de produção social, contraditória não no sentido de uma contradição individual, mas de uma contradição que nasce das condições de existência dos indivíduos. No entanto, as forças produtivas que se desenvolvem no seio da sociedade burguesa, criam ao mesmo tempo as condições materiais para resolver esta contradição. Com esta organização social termina, assim, a pré-história da sociedade humana. (MARX, 1974a, p. 28-29).

Desse modo, Marx expressou, em resumo, sua compreensão da história que, a partir daí, orientaria seus estudos e a elaboração de sua teoria socioeconômica e política. Anos depois, em **O capital**, expôs de forma concisa o que seria, na sua investigação, o cerne do modo capitalista de produção e o que o caracterizava, ou seja:

> Seus produtos são mercadorias. Produzir mercadorias não o distingue de outros modos de produção, mas a circunstância de seu produto ter, de maneira dominante e determinante, o caráter de mercadoria. Isto implica, de saída, que o próprio trabalhador se apresente apenas como vendedor de mercadoria e por conseguinte como assalariado livre, aparecendo o trabalho em geral como trabalho assalariado [...] Os agentes principais desse modo de produção, o capitalista e o assalariado, como tais, são meras encarnações, personificações do capital e do trabalho assalariado; caracteres sociais definidos que o processo social de produção imprime aos indivíduos; produtos dessas relações sociais definidas de produção [...] O que distingue particularmente o modo capitalista de produção é a circunstância de a produção da mais-valia ser objetivo direto e causa determinante da produção. O capital produz essencialmente capital, e só o faz se produz mais-valia. (MARX, 1975b, p. 1.007-1.008).

Um importante intérprete de Marx, num estudo clássico sobre os **Grundrisse** (1858), afirma que, para o intelectual alemão, o "que distingue radicalmente a produção capitalista em relação a todos os modos de produção anteriores é o seu caráter universal, seu impulso em direção a uma permanente revolução das forças produtivas materiais" (ROSDOLSKY, 2001, p. 352).

Assim, diante desses resultados de suas investigações sobre a estrutura e a dinâmica do modo capitalista de produção, Marx concluiu que a contradição entre a produção social e a apropriação privada do excedente gerado (lucro) constituía o sentido e/ou a essência mesma do antagonismo entre proletariado e burguesia. A solução dessa contradição só podia ocorrer com a revolução proletária, que levaria à tomada do poder pelos trabalhadores e, através deste, transformar os meios de produção em propriedade pública, libertando-os da sua condição de subsunção ao capital, tornando-os, de fato e de direito, plenamente sociais ou socializados.

Para Marx, portanto, o capitalismo — na fase da grande indústria mecanizada — promovia transformações que o distinguiam de todas as formações sociais que o precederam, revolucionando continuamente todas as relações sociais, a condição humana, os valores seculares, os sacramentos, promovendo uma infinidade de transformações na sociabilidade e na práxis dos seres sociais. Desse modo, obrigou os homens "a encarar com serenidade suas verdadeiras condições de vida e suas relações com os demais homens" (MARX; ENGELS, 1977, p. 87). Assim:

> O proletariado enquanto classe e seu espírito revolucionário haviam se forjado na realidade, nos moldes do capitalismo revolucionário, que não rendia culto a nenhum sacramento dos tempos antigos. Ao combinar revolução e indústria, Marx incorporou-se à principal corrente do pensamento moderno. Essa combinação também conferiu à sua antropologia uma nova dimensão. O ser humano surgia como revolucionário, não só em sua capacidade de *homo politicus*, mas também em sua capacidade de *homo faber*. A trajetória de Prometeu Acorrentado a Prometeu Desacorrentado (sendo Prometeu o titã que Marx costumava associar ao proletariado) pôs em relevo que, na mitologia proletária, a função de romper os grilhões impostos por Deus, equivalia a estabelecer os pré-requisitos para a produção moderna. Através da união pessoal do *homo faber* com o *homo politicus* (revolucionário), a substância da modernidade, dentro da melhor tradição hegeliana, converteu-se em um sujeito... (FEHÉR, 1992, p. 21).

De 1871 (derrota da Comuna de Paris) a 1914 (desencadeamento da Primeira Guerra Mundial), o movimento socialista experimentou transformações de monta — a criação de modernos partidos socialistas ou social-democratas de massa, com forte base sindical, expressivo porcentual eleitoral e representação parlamentar, ativa e extensa imprensa partidária e grande influência na intelectualidade; concomitantemente, foi criada a II Internacional Socialista, em 1889, em Paris, no centenário da Tomada da Bastilha, reunindo partidos socialistas de toda a Europa e de algumas outras regiões; a teoria social de K. Marx foi tornada doutrina, visão de mundo e ciência do proletariado, o marxismo; foram concebidos símbolos e efemérides: o 1.º de Maio como dia internacional de lutas e confraternização dos trabalhadores, o hino *A Internacional*, a bandeira vermelha e outros.

O Partido Social Democrata Alemão (SPD), fundado em 1875, incorporou o marxismo nos congressos de Gotha (1875) e Erfurt (1891). Ademais, tornou-se, após 1890, o maior e mais importante partido de natureza socialista — chegou a ter mais de um milhão de filiados nos anos 1910/14; uma base sindical de cerca de dois milhões de trabalhadores; alcançou um porcentual eleitoral de aproximadamente 35% dos votos e mais de uma centena de parlamentares no *Reichstag*; possuía dezenas de periódicos; congregava intelectuais do mais alto nível teórico: K. Kautsky, E. Bernestein, A. Bebel, Clara Zetkin, Rosa de Luxemburgo e vários outros. Fenômeno análogo, mas em menor proporção, teve curso em outros países europeus: Finlândia, Suécia, Terras Checas, Dinamarca, Noruega, Áustria, Itália, Bélgica, Holanda, Suíça, França, Espanha, Inglaterra, Rússia etc. (ELEY, 2005, p. 91 *et seq.*).

A rápida expansão político-eleitoral, sindical e administrativa, requereu a montagem de um aparato organizacional deveras complexo, que, por sua vez, implicou a burocratização excessiva das atividades da máquina partidária, com reflexos significativos na práxis política e no projeto socialista. Esses problemas já haviam sido apontados à época, em 1911, por Robert Michels (1967) e, mais recentemente, por Adam Przeworski (1989, p. 26-29). Desse modo, o crescimento organizativo inflado conduziu à criação de uma estrutura composta de:

> [...] parlamentares, de burocratas trabalhistas e de funcionários administrativos, que se assentavam nas organizações sindicais, nas cooperativas, nos secretariados dos partidos, nas redações dos órgãos de imprensa, e como deputados nos parlamentos. Essa gente já não mais vivia para o movimento trabalhista [socialista], mas do movimento trabalhista. (ABENDROTH, 1977, p. 61).

Obviamente, aqueles problemas tiveram como resultantes a progressiva mitigação do projeto socialista, a adoção de um reformismo tíbio, a integração ao status quo, a renúncia — em boa medida — à práxis democrática, a adesão ao patriotismo e assim por diante. Exemplar foi o apoio, em sua maioria, dos parlamentares do SPD, em 1914, à aprovação dos créditos de guerra, fundamentais para a participação alemã no conflito e para o desencadeamento da Primeira Grande Guerra.

Esse fato provocou cisões não só no SPD, mas também na maioria dos partidos de extração socialista, assim como a desestruturação da II Internacional Socialista. As divisões dos partidos social-democratas acentuaram-se com a Revolução Bolchevique na Rússia (1917) e a criação do *Komintern* (1919) e a fundação — a partir de divisões de partidos socialistas — de partidos comunistas, seções nacionais da Internacional Comunista, em todos os continentes nos anos 1918/22. No final da guerra, em 1918, os partidos socialistas e a IS encontravam-se bastante debilitados ou mesmo descaracterizados — o golpe mais duro ou derradeiro, no entanto, viria nos anos 1930 com a ascensão do nazifascismo.

A partir de 1945, no pós-Segunda Guerra, os partidos socialistas e/ou social-democratas seriam refundados, mas em outras bases e com nova fisionomia — renunciaram a quaisquer veleidades anticapitalistas e aos princípios do marxismo. O SPD e outros partidos socialistas — muitos dos quais com participação importante na resistência ao nazifascismo —, especialmente nos países escandinavos (Suécia, Dinamarca, Noruega, Finlândia), na Alemanha, na França, na Itália, na Inglaterra (Partido Trabalhista) etc., foram reorganizados. Tiveram, inclusive, papel extraordinário (ao lado de partidos comunistas) na democratização da Europa, igualmente nos movimentos pela ampliação dos direitos de cidadania (civis, políticos e sociais), erigindo o Estado de bem-estar social. Nos anos 1980/90, no entanto, foram abalados por uma série de fatores: reestruturação capitalista, globalização, políticas socioeconômicas neoliberais, colapso do socialismo real etc. — esses fenômenos, em seu conjunto, implicaram a subtração de direitos de cidadania, sobretudo os sociais; o constrangimento da sociedade civil e política; o enfraquecimento do sindicatos; a corrosão do Estado de bem-estar social; a fragilização da cultura política, das instituições e valores democráticos e outros elementos do Estado de direito democrático. Nesse processo os partidos socialistas, social-democratas e trabalhistas metamorfosearam-se e, em boa medida, foram impelidos a incorporarem concepções liberais ou mesmo, em alguns casos, conservadoras.

Simultaneamente, mas de outra forma, o mundo ao longo do século XX — abrangendo, de modo geral e na sua universalidade, todos os países e/ou continentes — ou, para ser mais preciso, a vasta época aberta com a eclosão da Revolução Russa de 1917 e seus desdobramentos até 1989/91 com o colapso do socialismo real no Leste europeu e outras regiões, bem como o desmantelamento do Estado soviético e a dissolução da URSS, não pode ser compreendido sem o exame desse processo histórico-político.

Nesse extenso período, abarcando mais de sete décadas, a humanidade conviveu e/ou protagonizou uma experiência inédita. O projeto prefigurado por K. Marx no século XIX, de emancipação dos oprimidos e explorados, parecia que iria realizar-se — ou seja, a possibilidade de a instauração de sociedades vivenciarem condições de igualdade e liberdade, justas e democráticas afigurava-se como exequível.

A experiência socialista soviética seria, a seguir, universalizada com a constituição da Internacional Comunista Komintern) em 1919, como uma espécie de Estado-maior da revolução mundial. O *Komintern*, por sua vez, fomentou a criação de partidos comunistas ou similares, seções nacionais da III Internacional Comunista, a partir, na maioria dos casos, da cisão provocada nos partidos socialistas ou social-democratas — esses partidos deveriam adotar as diretivas políticas da IC (21 condições), com o papel de defensores da Rússia bolchevique (depois URSS) e de expandir a revolução mundo afora — ou seja, inaugurava-se aí o Movimento Comunista Mundial.

Cabe lembrar que as primeiras experiências de expansão da Revolução Bolchevique foram realizadas na Europa: Alemanha em 1919 e 1923, Hungria em 1919 e Itália em 1919/20 — foram, no entanto, inapelavelmente derrotadas. Diante do malogro revolucionário em países europeus, Alemanha em particular, a IC deslocou as expectativas revolucionárias para regiões de capitalismo incipiente, de economias agrário-exportadoras: China (1925/27), Brasil (1935) e alguns outros. Esta tendência foi acentuada nos anos 1950 e nas décadas seguintes, por meio do apoio econômico, político e bélico aos movimentos nacionais estatistas, anti-imperialistas e de libertação nacional na Ásia, Oriente Médio, África e América Latina.

Demais disso, o Movimento Comunista Internacional, sob as diretivas do Estado-guia soviético, forjou mitos e lendas, ideologias e projetos: o marxismo-leninismo como a ciência e credo incontestável do proletariado; da inevitabilidade do socialismo e do comunismo como redenção da humanidade; a Revolução Bolchevique e sua universalização como sendo imprescindível para a libertação dos pobres e oprimidos; da formação do "homem novo", desalienado e plenamente liberto; da exigência da ditadura do proletariado como fase necessária para a transição do socialismo ao comunismo; do imperialismo como a fase derradeira do capitalismo decadente; a derrocada final do capitalismo devia ser iniciada pelos elos mais frágeis do sistema imperialista, por meio da tomada do poder estatal — revolução anti-imperialista e antifeudal — nos países coloniais, semicoloniais e dependentes; dos partidos comunistas como representantes únicos e vanguarda legítima do proletariado, portadores da missão histórica de superação do modo de produção capitalista; a criação de símbolos — além dos já existentes, herdados da Internacional Socialista, como a bandeira vermelha, o hino *A Internacional* —, entre os quais, o mais visível, o da foice e o martelo significando a aliança operário-camponesa; a concepção de heróis canonizados — Marx e Engels, Lenin, Stalin, Dimitrov, Togliatti, Dolores Ibarruri, Ho Chi Minh, Mao, Fidel e Che Guevara e alguns mais —, outros caídos em desgraça, considerados hereges e/ou renegados, seriam apagados da história, como, por exemplo: Bernstein, Kautsky, Rosa de Luxemburgo, Plekhanov, Martov, Bukharin, Trotsky, Tito, Mariátegui etc.

O movimento comunista envolveu, dessa forma, um complexo multifacetado de fatos e fatores, processos e movimentos paradoxais e/ou antinômicos, isto é:

> [...] realidade e mitologia, sistema estatal e movimento de partidos, elite fechada e política de massas, ideologia progressista e dominação imperial, projeto de sociedade justa e experimento com a humanidade, retórica pacifista e estratégia de guerra civil, utopia libertadora e sistema concentracionário, polo antagônico da ordem mundial e modernidade anticapitalista. Os comunistas foram vítimas de regimes ditatoriais e artífices de estados policiais. Protagonistas de lutas sociais e de libertação nacional, campanhas de opinião e pelos direitos de cidadania, fundaram invariavelmente regimes totalitários, opressivos e liberticidas. (PONS, 2014, p. 23).

Esse mesmo Movimento Comunista Internacional e seus integrantes (partidos comunistas nacionais), tendo como centro diretivo a URSS, já vinha dando sinais de exaustão desde a década de 1950 pelo acúmulo de problemas e contradições irresolvidas. Mas foi no terceiro quartel do século XX que aquele tipo de socialismo — denominado de real — e movimento entrou em crise terminal ou irreversível, acarretando sua ruína na URSS, no Leste europeu e em outras partes do mundo de maneira fulminante e até mesmo inesperada, expondo seus caracteres autoritário-burocráticos em toda sua crueza.

2

REFORMA E REVOLUÇÃO

Os projetos socialistas, no transcurso de seu extenso processo de constituição — séculos XIX e XX e nas múltiplas facetas e nas muitas metamorfoses que vivenciou —, propugnaram, perseverante e sistematicamente, a instauração de um diverso ordenamento socioeconômico e político de natureza equânime e/ou igualitário, emancipatório e democrático. Os agentes destinados a concretizar esses projetos, o proletariado e seus teóricos, por meio de instrumentos e recursos (movimentos reivindicativos, ações sociopolíticas, imprensa e outros) e organizações (sindicatos, associações, partidos etc.), tenderiam a revolucionar ou superar a ordem capitalista e instaurar um novo estado de coisas, um complexo de liberdade e igualdade, solidariedade e fraternidade — seriam realizados, enfim e de forma plena, os desígnios esboçados na Revolução Francesa. É evidente que, entre os propósitos e a realidade histórica, houve, invariavelmente, desarmonia e antagonismos infaustos e/ou desventurosos. Ademais, conviveu, durante quase toda a sua história, com dilemas, inevitáveis, entre reforma (superação da alienação e da opressão através de transformações graduais — instituição do direito de cidadania — promovidas pela intervenção e competição política) e revolução (abolição do capitalismo por meio da ruptura súbita e convulsiva, com o assalto ao poder do Estado e a instauração da ditadura do proletariado, como forma de implantação do socialismo ou comunismo).

Embora a noção de socialismo e os procedimentos para torná-lo factível tenham sido esboçados desde, pelo menos, o início do século XIX, seu marco fundador pode ser, de fato, fixado em 1848 com o lançamento do **Manifesto do partido comunista**, elaborado por K. Marx e F. Engels e encomendado pela Liga dos Comunistas constituída por um círculo de exilados alemães na França.

Nele foi delineada, pela primeira vez, uma teoria da revolução passível de subverter a ordem capitalista e criar as bases para o trânsito ao socialismo. Tendo como paradigma a Revolução Francesa de 1789, Marx e Engels elaboram uma teoria assentada na tese segundo a qual a moderna sociedade burguesa criara "novas condições de opressão", tornara mais diretos e simplificados os antagonismos de classe, instaurando assim a polarização entre burguesia e proletariado — o desenvolvimento do capitalismo, ademais, implicaria a tendência à pauperização imperiosa do proletariado. Nessas condições, o proletariado seria o agente histórico-político "verdadeiramente revolucionário", cuja "missão é destruir todas as garantias e segurança da propriedade privada até aqui existente" (MARX; ENGELS, 1977, p. 95).

Para exercer sua dominação de classe, a burguesia conquistou "a soberania política exclusiva do Estado representativo moderno". Este, por sua vez, seria "apenas um comitê para gerir os negócios comuns de toda a burguesia" (MARX; ENGELS, 1977, p. 86).

Dessa forma, ao explicar a constituição do proletariado como classe social, Marx e Engels afirmam ter exposto "a história da guerra civil, mais ou menos oculta", que fermentava naquele momento histórico-social e que tenderia a explodir "numa revolução aberta do proletariado", que, por seu turno, encetaria "sua dominação pela derrubada violenta da burguesia" em particular e "de toda a ordem social existente" em geral. Transformado em classe dominante, o proletariado deveria utilizar "sua supremacia política" para concentrar "todos os instrumentos de produção nas mãos do Estado" (MARX; ENGELS, 1977, p. 95, 116, 103).

Nos anos imediatamente sequentes, complementaria essa teoria da revolução com a noção de "ditadura do proletariado". Ou seja: "Toda a situação provisória do Estado depois de uma revolução exige uma ditadura enérgica" (MARX, 1850 *apud* COUTINHO, 1994, p. 23). E, poucos anos depois, especificaria com mais precisão sua concepção: "a luta de classes conduz necessariamente à *ditadura do proletariado*" e que "esta ditadura constitui somente a transição para a *abolição de todas as classes e para uma sociedade sem classes*" (MARX, 1977, p. 324). Ainda nesses anos incorporou a noção de "revolução permanente" (MARX; ENGELS, 1977, v. 3, p. 92, grifo do autor).

Essas teses seriam retomadas nos escritos de K. Marx sobre a Comuna de Paris em 1871 e em sua **Crítica ao Programa de Gotha**, de 1875. Neste último asseverou:

> Entre a sociedade capitalista e a sociedade comunista medeia o período de transformação revolucionária da primeira na segunda. A este período corresponde também

> um período político da transição, cujo Estado não pode ser outro senão a *ditadura revolucionária do proletariado*. (MARX, 1975a, p. 239).

Depois de olvidadas por vários anos pela Internacional Socialista, essas formulações de Marx foram resgatadas, com modificações pela fração bolchevique do Partido Operário Social-Democrata Russo ou, mais especificamente, pelo seu principal líder, V. I. Lenin.

Lenin resgatou, com alterações e adendos, a teoria da revolução derivada do jacobinismo e do blanquismo, reelaborada, em outros termos, por Marx e Engels a partir de 1848. Isto é, um paradigma de revolução com feitio de mudança brusca, de ruptura drástica, súbita, insurrecional, de assalto ao poder, concentrada num curto espaço de tempo, que subverte a antiga ordem e constrói uma outra, radicalmente nova — neste sentido o Estado deveria ser instrumentalizado para operar transformações desde cima, por meios e modos despóticos (ditadura do proletariado).

O sujeito político revolucionário, por excelência, seria o partido de "novo tipo", vanguarda do proletariado e guia de todos os explorados. Um partido centralizado, assentado nos princípios de unidade da ação e/ou no centralismo democrático, de quadros profissionais — aparelhado pelos princípios da doutrina marxista, levaria aos trabalhadores a consciência de classe (LENIN, 1979c, p. 101).

Conformada à realidade histórica da Rússia do início do século XX, a teoria de Lenin da revolução socialista e a estratégia bolchevique — transformado no Partido Bolchevique em 1912, deixando de ser uma facção do POSDR — viriam a ser contempladas pelo acaso. Em 1917, padecendo com os infortúnios da guerra, a Rússia experimentou uma crise sem precedentes — embora já latente em todo o império russo —, abarcando inúmeros problemas acumulados secularmente: dominação tirânica da autocracia czarista, subjugação das nacionalidades não russas, brutal opressão do campesinato, bloqueio à organização da sociedade civil, inexistência de direitos mínimos (tanto civis como políticos) para os subalternos etc.

No mês de fevereiro, a crise adquiriu dimensões inesperadas, de desgoverno, desintegrando o todo poderoso império czarista e compelindo à renúncia do czar.

> A autocracia czarista não foi exatamente derrubada por ninguém; desapareceu de cena em meio à guerra, sem que existissem quaisquer alternativas óbvias para assumir o

poder. A Duma [parlamento russo], que desfrutava de prestígio zero, era incapaz de substituí-la. Apenas produziu um governo provisório e saiu da cena política. (LEWIN, 2007, p. 341).

Criara-se uma situação caótica que se agravou com a constituição de um governo provisório privado de credibilidade dirigente e impotente para enfrentar as graves circunstâncias. "Nesse contexto sombrio o Governo Provisório, composto principalmente de socialistas revolucionários e mencheviques", constatara "que não controlava mais nada, que sua legitimidade minguava a cada dia e que perdia seu espaço de manobra" (LEWIN, 2007, p. 345).

Estavam criadas as condições — vazio de poder, revoltas e fúria popular, ordem anômica, desorganização econômica, desmantelamento e/ou aniquilamento do Exército etc. — para que um pequeno partido de vanguarda, resoluto e com palavras de ordem que atendiam os anseios imediatos das classes subalternas (pão, paz e terra) se apoderasse — por meio da Guarda Vermelha sob o comando do Comitê Militar Revolucionário — dos aparatos do Estado sem resistência, em nome dos *sovietes* (conselhos). "Foi um golpe sem sangue. O Governo Provisório caiu sem resistência" (CARR, 1977, p. 17, tradução nossa).

Conquistado o Estado — onde ele era tudo e a sociedade civil muito rarefeita ou mesmo inexistente em grande parte do império —, os bolcheviques logo trataram de recompor o poder, consolidando-o como "ditadura do proletariado" e com a edificação de um Estado demiurgo sob a direção do partido único.

Desencadeada a Revolução Bolchevique e fundada a Internacional Comunista (1919), os soviéticos resolveram expandir a revolução na Europa. Não obstante indicarem, na fase imperialista do capitalismo, a revolução ter maior viabilidade na periferia ou nos "seus elos mais fracos", ela só seria passível de realização se fosse estendida para a Europa ou, mais precisamente, para a Alemanha (PONS, 2014, p. 51).

Nos anos 1918/23, alguns países europeus experimentaram insurreições do tipo bolchevique. Na Hungria chegou-se mesmo a ser instaurada uma República Soviética sob a direção de Bela Kun, mas de curta duração (março a agosto de 1919). Na Alemanha, entre novembro de 1918 e maio de 1919, diversos ensaios revolucionários foram registrados: em novembro de 1918 foi constituída, em Munique, uma espécie de poder revolucionário bávaro; em janeiro de 1919, o Levante Spartakista foi inapelavelmente derrotado; e dirigentes importantes (Rosa de Luxemburgo, Karl Liebknecht e outros), brutalmente assassinados; nos anos seguintes outros *putschs* de estilo bolchevique foram ensaiados — o último em 1923 —, porém sem sucesso, ou melhor, desventurosos.

De outro modo, na Itália o Partido Socialista (PSI), nos anos 1919/20, entusiasmado com o crescimento exponencial, tanto em número de militantes como de influência no movimento operário-sindical e no campo, sobretudo na região Norte (Turim, Milão e Gênova), decidiu radicalizar sua política e seu protagonismo. Simultaneamente, sua direção, contagiada pelo clima de agitação revolucionária na Europa central, resolveu propugnar o estabelecimento de uma República Socialista, esteada na ditadura do proletariado. "Em outubro de 1920, o movimento dos conselhos de fábrica em Milão e Turim deixou a Itália à beira de uma revolução generalizada antes de cair na desmoralização" (ELEY, 2005, p. 192, 208).

Após o malogro das tentativas de expansão do projeto revolucionário bolchevique para a Europa, a Internacional Comunista deslocou seus intentos insurrecionais para a Ásia e a América Latina. Nos diversos congressos da IC, na década de 1920, elaborou-se uma política revolucionária para as regiões e/ou países qualificados de periféricos ou de elos débeis do sistema capitalista.

Nesse sentido, a dirupção "revolucionária tinha mais chances de êxito na periferia do que no coração da Europa, ainda que o triunfo do socialismo só viesse a ser assegurado pela revolução na Alemanha". Isto é, o rompimento "do elo fraco devia ser seguido pelo dos elos fundamentais" (PONS, 2014, p. 51, 53).

O paradigma bolchevique de revolução e de socialismo foi adaptado, pelo *Komintern*, para os países e/ou colônias de capitalismo tardio e insipiente (elos débeis do sistema imperialista) — embasada nas formulações de Lenin sobre a etapa imperialista do capitalismo, a IC elaborou uma política de frente ampla nacionalista e anti-imperialista. Ensaiada, originalmente na Ásia, mais especificamente na China em 1927 e na Indonésia em 1926, por meio de *putsch* insurrecional, ambos tiveram desfecho trágico. A versão latino-americana desse projeto teve, igualmente, experiências desafortunadas com a Aliança Popular Revolucionária (APRA) no Peru, em meados da década de 1920, e com a Aliança Nacional Libertadora (1935) no Brasil.

No pós-Segunda Guerra Mundial, esse tipo de projeto revolucionário, sob formas heterogêneas, foi sendo moldado à ação de agentes os mais diversos (partidos e movimentos, frentes e alianças) e às particularidades de cada país ou região. Na Ásia, por exemplo, houve os casos emblemáticos da China, da Coreia, da Indochina, da Indonésia, entre outros. Na América Latina destacou-se o caso de Cuba e, posteriormente, o da Nicarágua. Na África devem ser mencionados os movimentos desencadeados em Angola, Moçambique, Egito, Argélia, Etiópia etc. — no conjunto, guardando-se as devidas especificidades histórico-políticas, ganharam formato correlatos ao socialismo soviético e dependentes da URSS.

Distintas, mas conexas, foram as situações dos países do Leste europeu, nos quais os estados de extração soviética foram, de certo modo, instituídos pelo Exército Vermelho da URSS na ofensiva contra as tropas nazistas.

*****

Simultaneamente à compreensão das circunstâncias oportunas para o desencadeamento do processo revolucionário como ruptura drástica e de assalto ao poder estatal — seguida da abertura da transição socialista, ancorada na ditadura do proletariado —, K. Marx e F. Engels formularam uma outra teoria, contrastante com aquela esboçada em 1848/50.

Formulações essas, dessemelhantes daquelas anteriores, fizeram-se presentes ou foram inauguradas no notável *Prefácio* ao livro **Contribuição para a crítica da economia política**, de 1859. Nele Marx enunciou a tese segundo a qual seria nos países de capitalismo pleno — com avançado grau de desenvolvimento das forças produtivas e das relações capitalistas de produção, de acumulação e reprodução do capital — que seriam criadas as condições para a revolução proletária e para a transição socialista. Esse entendimento está também presente em diversas passagens de **O capital**, cujo primeiro volume foi publicado em 1867.

Apresentadas de forma sintética no *Prefácio*, Marx afirmava que em "determinado estágio de seu desenvolvimento as forças produtivas" entram em "contradição com as relações de produção existentes". Por conseguinte, essas relações que possibilitavam o desenvolvimento das forças produtivas transformavam-se em entraves — adviria, nesse momento, uma era de revolução social. Observava, contudo, que:

> Uma sociedade jamais desaparece antes que estejam desenvolvidas todas as forças produtivas que possa conter, e as relações de produção novas e superiores não tomam jamais seu lugar antes que as condições materiais de existência dessas relações tenham sido incubadas no próprio seio da velha sociedade. Eis por que a humanidade não se propõe nunca senão os problemas que possa resolver, pois, aprofundando a análise, ver-se-á sempre que o próprio problema só se apresenta quando as condições materiais para resolvê-lo existem ou estão em vias de existir. (MARX, 1983, p. 233).

Demais disso, observara em 1852, ao analisar o golpe de Estado que levou Luís Bonaparte ao poder, que são os indivíduos que "fazem sua própria história, mas não a fazem como querem; não a fazem sob circunstâncias de sua escolha e sim sob aquelas com que se defrontam diretamente, legadas e transmitidas pelo passado". Ou seja, a "tradição de todas as gerações mortas oprime como um pesadelo o cérebro dos vivos". E é exatamente "quando parecem empenhados em revolucionar-se a si e às coisas, em criar algo que jamais existiu", nesses momentos, nessas conjunturas de "crise revolucionária, os homens conjuram ansiosamente em seu auxílio os espíritos do passado, tomando-lhes emprestado os nomes, os gritos de guerra e as roupagens" (MARX, 1974b, p. 17-18) — desse modo, as ações transformadoras (revolucionárias) dos agentes sociopolíticos não dependeriam, simplesmente, do desejo ou determinação dos sujeitos e do destino determinado, mas seriam, sim, tributárias e/ou condicionadas pelas condições pretéritas e sujeitas ou mesmo condenadas a suportar o pesado fardo histórico.

Posteriormente, já no final do século XIX (1895), em outras circunstâncias históricas, F. Engels, numa *Introdução* que escreveu para a reedição do livro de K. Marx, **As lutas de classes na França**, cuja primeira edição fora publicada em 1850, retificou suas concepções e as de Marx, dos anos 1848/50, sobre a abertura do processo revolucionário (assalto ao poder) e a transição socialista, por meio da ditadura do proletariado (COUTINHO, 1994, p. 26).

Nas novas condições histórico-políticas geradas pelo desenvolvimento do capitalismo, apontava ser necessário revisar as concepções antecedentes. A luta de classes e a conquista do poder dar-se-iam na esfera das instituições públicas, do Estado de direito democrático, o que implicaria um processo "longo e perseverante" de persuasão dos trabalhadores.

Dessa forma, a utilização do sufrágio universal levara o proletariado a praticar "um método de luta inteiramente novo". Revelava-se assim que a "burguesia e o governo chegaram a ter mais medo da atuação legal que da atuação ilegal do partido operário, mais temor aos êxitos das eleições que aos êxitos da rebelião". O "tempo dos golpes de surpresa" era coisa do passado, ou seja, "das revoluções executadas por pequenas minorias conscientes". Qualquer movimento visando à transformação das relações sociais, caberia às massas realizá-los (ENGELS, 1977b, p. 103, 106).

As proposições de Engels encontrariam seguimento no SPD e em alguns outros partidos socialistas. E foram aprimoradas, em outros moldes e de formas diferentes, por Karl Kautsky e Eduard Bernstein, considerados herdeiros de Marx e Engels e cujas formulações se tornariam ideias-força do movimento do socialismo da II Internacional.

Kautsky interpretava o *Prefácio* (**Contribuição para a crítica da economia política**) e **O capital**, de Marx, como teoria evolutiva da história do capitalismo, como uma lei natural do desenvolvimento social. Compreensão essa que decorria do fato de entender que o marxismo e o darwinismo possuíam elementos similares — seriam, ambos, "teorias da evolução". À vista disso, seria natural identificar "luta de classes" com "luta entre espécies" (SAVADORI, 1982, p. 304-305).

Assim, a evolução social — impulsionada pela pauperização absoluta do proletariado — desembocaria, necessariamente, no socialismo. A derrocada do capitalismo seria fatal, assegurada pela necessidade histórica.

Por outro lado, a conquista do poder político ocorreria por meios pacíficos, através da intervenção de uma maioria parlamentar (COLE, 1975, p. 257). Outros teóricos social-democratas partilhavam, também, concepções aproximadas às de Kautsky. G. Plekhanov — um dos fundadores do POSDR e considerado, por Lenin, pai do marxismo russo — julgava que a intervenção sociopolítica dos trabalhadores tornaria o socialismo inevitável, uma necessidade histórica irrefutável (PRZEWORSKI 1989, p. 14).

Mas, não obstante a defesa do evolucionismo e da inevitabilidade do socialismo, os partidos social-democratas — ou de cunho socialista — persistiam em manter postura contrária às composições políticas e à participação em quaisquer agências estatais burguesas — à exceção do parlamento, obviamente —, conservando, pelo menos na retórica ou nas declarações de intenção, a crença e/ou a mística revolucionária.

> Karl Kautsky, o "papa do socialismo", foi o articulador mais notável desse modelo. A vitória final viria da ação inevitável da história, quando o movimento dos trabalhadores se tornasse ainda mais organizado e popular, o capitalismo desabasse em contradições insolúveis e o socialismo herdasse o Estado, seja pela força esmagadora dos números, fosse pela confrontação final com a velha ordem agonizante. (ELEY, 2005, p. 119).

Kautsky, em 1918, ao se opor à inflexão da revolução na Rússia em outubro de 1917, à dissolução da Assembleia Constituinte, à forma despótica como os bolcheviques estavam exercendo o poder, ou seja, à imposição da "ditadura do proletariado" e suas sequelas, foi excomungado, caracterizado como renegado e tornado pária do socialismo (KAUTSKY, 1979; LENIN, 1979a) e/ou do movimento comunista.

Eduard Bernstein, por seu turno, fundaria uma nova vertente a partir da publicação de um conjunto de textos nos anos 1896/98. Julgado como revisionista, por rever formulações canônicas do marxismo recém-criado, ou seja, passara a advogar teses contrárias à noção do colapso catastrófico do capitalismo e, portanto, de que o advento do socialismo seria inevitável, afirmava sim que ele seria possível e desejável.

Teses essas derivadas de análises segundo as quais o capitalismo estava experimentando transformações significativas em sua estrutura produtiva, nos mecanismos de reprodução do capital, na organização do poder, além de outras mudanças que implicavam a revisão da práxis do movimento socialista.

O socialismo só seria alcançado por meio do reformismo lento e contínuo e da democracia progressiva. Caberia à social-democracia a organização do proletariado para "a luta pelos direitos políticos" e realizar, por meio do Estado, "reformas em direção à democracia" — disso decorria sua polêmica afirmação, segundo a qual "o movimento é tudo e o que, ordinariamente, se considera como objetivo final do socialismo não é nada" (BERNSTEIN, 1982, p. 75, 95 e 97). Assim sendo, "a democracia é, ao mesmo tempo, meio e fim" (BERNSTEIN *apud* FFTSCHER, 1982, p. 282).

A socialização dos meios de produção seria, enfim, um processo de longa duração, executado de modo progressivo, por intermédio de reformas e da ampliação da democracia e dos direitos sociopolíticos. Por conseguinte:

> A passagem do capitalismo para o socialismo não podia ocorrer como um "salto", mas sim gradualmente e no interior do sistema capitalista; as relações capitalistas de produção se formaram no quadro do sistema feudal. O capitalismo deve evoluir no sentido do socialismo, e esse processo irá durar décadas, num longo período de economia mista. (WALDENBERG, 1982, p. 241).

Bernstein foi severamente criticado e advertido pelas suas proposições por teóricos e/ou dirigentes do SPD, entre eles Kautsky, Rosa de Luxemburgo, Pannekoek e, também, por intelectuais e/ou dirigentes de outros partidos social-democratas, como, por exemplo, Plekhanov e Lenin.

Acusado de revisionista — termo pejorativo —, foi transformado numa espécie de apóstata, julgado e amaldiçoado pelo movimento socialista e, posteriormente, comunista. Contudo, muitas de suas teses seriam absorvidas pela social-democracia e tornadas referenciais na política dos partidos socialistas ou social-democratas, especialmente, após a Segunda Guerra Mundial; de outro modo seriam reelaboradas por alguns importantes intelectuais, na mesma época, como, por exemplo, Joseph A. Schumpeter (1984). Aliás, importa observar que elas viriam embasar ou balizar — de modo sorrateiro, pois duas formulações continuavam proscritas no movimento comunista — as estratégias e a práxis política de muitos partidos comunistas do Ocidente, sobretudo depois do XX Congresso do PCUS, realizado em 1956.

Uma crítica instigante às concepções evolucionistas e fatalistas, mas também ao projeto do colapso revolucionário ou disruptivo, foi realizada — ainda no calor da hora da tomada do poder estatal pelos bolcheviques na Rússia em outubro de 1917 — por um jovem militante socialista italiano, num pequeno artigo intitulado *A revolução contra O capital* de Marx (GRAMSCI, 2004, v. 1, p. 126-30). Segundo Antonio Gramsci, a captura do Estado pelos bolcheviques contrariava não só as previsões de Marx presentes no famoso *Prefácio* e em sua obra capital, como as diversas tendências do movimento socialista europeu e também russo (mencheviques e socialistas revolucionários). O que Gramsci, na verdade, procurava chamar atenção era para a necessidade de reposição do protagonismo do sujeito e da iniciativa política, que haviam sido obscurecidas pelo fato de os partidos socialistas ou social-democratas terem se impregnado pelo positivismo e pelo naturalismo. Isso teria implicado uma compreensão evolucionista, determinista e/ou fatalista da história — o amadurecimento do capitalismo levaria inexoravelmente à abertura da transição socialista; ou seja, ao desenvolvimento das forças produtivas e das relações sociais de produção capitalistas, secundada por reformas e conquistas sociopolíticas, seriam os pressupostos básicos e necessários para a implantação do socialismo.

Nos anos 1920/30, afora um ou outro caso, raras foram as contribuições originais para a teoria política, estabelecendo nexos entre Estado e revolução, distintas das estabelecidas pela social-democracia e pelos bolcheviques/IC. Uma das poucas exceções foram as elaborações do denominado austromarxismo, especialmente as de Otto Bauer (1979) e Max Adler (1980). O primeiro, embora com dissonâncias, intentou harmonizar as teses de Bernstein com elementos da estratégia bolchevique. Procurava conjuminar a noção de uma "república democrática", instituída de forma processual, que permitisse a conquista do poder político e iniciar transformações socialistas — no caso de uma reação contrarrevolucionária da burguesia, seria justificável "uma ditadura da maioria", eufemismo para "ditadura do proletariado", mas de "caráter transitório"; desse modo, "após a tomada do poder político, a transformação socialista deveria proceder gradualmente a fim de não desorganizar a economia e, portanto, de impedir que o proletariado perca o consenso majoritário" (COUTINHO, 1994, p. 44-47).

Todavia, a guinada mais importante na teoria política das mediações entre Estado e classes sociais, reforma e revolução viria a ser exposta por Antonio Gramsci — fundador e dirigente do Partido Comunista Italiano — nos **Cadernos do c**árcere, elaborados enquanto prisioneiro do regime fascista, nos anos 1929/35. Observe-se, contudo, que os 33 cadernos de notas só seriam publicados a partir de 1948, sob a coordenação de Palmiro Togliatti e Felipe Platone.

Nos **Cadernos**, Gramsci formulou, de fato, uma original teoria política. Partindo do entendimento de que as novas condições históricas — do desenvolvimento do capitalismo, da organização do Estado, do ordenamento das relações sociais, da composição da sociedade civil e política — demandavam, no Ocidente, a reelaboração da práxis política, ou seja, os modos e as formas de se conceberem as transformações sociopolíticas, capazes de criar os pressupostos para a ultrapassagem do modo capitalista de produção.

Fundamentada em conceitos inovadores — hegemonia, sociedade civil e política, Estado expandido e compósito, revolução passiva, guerra de posição etc. —, compreendera que se tornara necessária a superação do paradigma do assalto ao poder do Estado, tal qual realizado em outubro de 1917 na Rússia, por uma pequena e aguerrida vanguarda revolucionária; estratégia que, além disso, implicava a instrumentalização do aparato estatal para operar as transformações por meios e modos ditatoriais (ditadura do proletariado).

Aquelas teses de Gramsci foram derivadas, na verdade, das peculiaridades que inferiu dos nexos entre Estado e sociedade civil no Oriente e no Ocidente políticos. Isto é:

> No Oriente, o Estado era tudo, a sociedade civil era primitiva e gelatinosa; no Ocidente, havia entre o Estado e a sociedade civil uma justa relação e, ao oscilar o Estado, podia-se imediatamente reconhecer uma robusta estrutura da sociedade civil. O Estado era apenas uma trincheira avançada, por trás da qual se situava uma robusta cadeia de fortalezas e casamatas, em medida diversa de Estado para Estado, é claro, mas exatamente isto exigia um acurado reconhecimento do caráter nacional. (GRAMSCI, 2000, v. 3, p. 262).

Dessa compressão decorreu a formulação de uma inédita teoria política da revolução, fundada no pleito para a construção do consenso (hegemonia política) — no âmbito do Estado nacional e em condições de democracia —, objetivando a emancipação dos subalternos e a capacitação para conjugar liberdade e igualdade.

Segundo Gramsci, a passagem da guerra de movimento para a guerra de posição seria a questão fundamental (da teoria política) do pós-Primeira Guerra Mundial — "o objetivo da guerra de posição é a obtenção da hegemonia política antes da chegada ao poder; seu teatro é a sociedade civil, e o epicentro, a luta política nacional" (VACCA, 2012, p. 213). Assim:

> [...] a supremacia de um grupo social se manifesta de dois modos, como "domínio" e como "como direção intelectual e moral" [...] Um grupo social pode e, aliás, deve ser dirigente já antes de conquistar o poder governamental (esta é uma das condições principais para a própria conquista do poder), depois, quando exerce o poder e mesmo se o mantém fortemente nas mãos, torna-se dominante, mas deve continuar a ser também dirigente. (GRAMSCI, 2002, v. 5, p. 62-63).

Nesse sentido, revolução passiva, guerra de posição, hegemonia, Estado ampliado não podem ser dissociados — "o conceito de guerra de posições conjuga-se com a de revolução passiva e, juntos, articulam o dispositivo analítico da *teoria da hegemonia*". Logo as asserções gramscianas superariam o velho paradigma do colapso catastrófico, da revolução permanente, do assalto ao Estado, da ditadura do proletariado. Segundo elas, "a luta política é a luta pela hegemonia" e a esfera "na qual essa pode se explicitar como luta pela hegemonia é o terreno de um Estado democrático" (VACCA, 2012, p. 207, 246).

As formulações teórico-políticas de Gramsci viriam a ser efetivadas, em maior ou menor grau, pelo Partido Comunista Italiano (PCI) nos anos 1950 e, mais especificamente, após o XX Congresso do PCUS em 1956. Sua difusão seria operacionalizada sob a liderança de seu herdeiro, Palmiro Togliatti, secretário-geral do PCI. Ressalte-se, porém, que a teoria política de Gramsci seria consubstanciada por Togliatti e, evidentemente, pelo PCI de forma matizada — agregada aos fundamentos políticos leninianos e de alguns outros intelectuais e/ou dirigentes do movimento comunista (SPRIANO, 1987).

Togliatti, desse modo, seria o agente principal, naquele período (1944/1964), na implementação de uma política democrática em sentido lato, conduzidas por um partido de novo tipo, de massas. Por conseguinte, o PCI, através de sua intervenção política, inovou na "defesa concreta da democracia política", na "expansão das liberdades"; assentiu "nos fatos a função positiva do pluralismo partidário", a utilidade das alianças entre forças sociais proletárias e não proletárias". Inovações "registradas também na estrutura institucional, constitucional" (SPRIANO, 1987, p. 280-281).

Orientada pela noção de democracia progressiva, teve como horizonte a construção gradual de um projeto de hegemonia política, *pari passu* e norteada pelo intento de ativar a revolução processual (TOGLIATTI, 1980). Ou ainda, nas palavras de Togliatti, "a luta pelo socialismo por via da democracia significa admitir que as transformações econômicas e políticas a serem efetuadas" para a passagem "a uma nova sociedade podem se realizar gradualmente, através de uma série de lutas e conquistas sucessivas" (TOGLIATTI *apud* SPRIANO, 1987, p. 288).

É possível, cremos, afirmar que as formulações teórico-políticas de Gramsci tenham sido as últimas elaborações, verdadeiramente inovadoras e/ou criativas, da teoria política a abordar a problemática histórica das relações Estado e classes sociais, reforma e revolução. Outras foram criadas, inegavelmente, como a da guerra popular prolongada, do foco guerrilheiro, dos movimentos de libertação nacional, da teologia da libertação etc. — experimentadas, particularmente, em regiões ou países com capitalismo incipiente ou da chamada periferia do capitalismo. Todas elas, no entanto, com parca fundamentação teórica; esteadas ora no senso comum ou na intuição, ora em doutrinas, princípios e ideologias procedentes dos dogmas marxista-leninistas soviéticos; muitas, inclusive, de natureza milenarista ou mesmo messiânica.

3

INTERNACIONALISMO E NACIONALISMO

Desde seus primórdios o movimento socialista — em suas diversas modalidades ou tendências — buscou adquirir caráter internacionalista, de fraternidade e solidariedade entre trabalhadores e organizações trabalhistas dos diversos países e regiões. Nesse sentido e com esses propósitos, várias organizações internacionais — com símbolos e datas emblemáticas de confraternização e reivindicações sociopolíticas e culturais — foram criadas desde a segunda metade do século XIX: Associação Internacional dos Trabalhadores (AIT) ou Primeira Internacional (1864-1876); Segunda Internacional Socialista, II IS (1889-1914, 1919-1923, 1923-1940, 1951...); III Internacional Comunista (IC), *Komintern* (1919-1943); Agência de Informações dos Partidos Comunistas, *Kominform* (1947-1956); além de outras organizações, incorporadas ou não aos movimentos socialista e comunista mundiais.

Concomitantemente à existência e dinâmica do internacionalismo socialista ou comunista, ambos os movimentos tiveram que conviver, a um só tempo — de modo antagônico ou, em determinadas épocas e circunstâncias, de formas harmônicas e convenientes —, com o nacionalismo/patriotismo. Esse dilema, nacionalismo/internacionalismo, acompanharia esses movimentos durante todo o século XX. Obrigados a operar, politicamente, no terreno dos Estados nacionais e no âmbito internacional a um só tempo, defrontaram-se com um problema insólito e paradoxal.

O documento fundador do moderno movimento socialista, **Manifesto do partido comunista** (1848), elaborado por K. Marx e F. Engels, anunciava já que "os operários não têm pátria"; em decorrência, os comunistas deveriam trabalhar "pela união e pelo entendimento entre os partidos democráticos de todos os países" — arrematava conclamando: "Proletários de todos os países, uni-vos" (MARX; ENGELS, 1977, p. 101 e 116).

Após a derrota das revoltas de 1848 — França, Alemanha, Itália e em outras localidades — e de inércia no período de mais de uma década, os movimentos dos trabalhadores e/ou socialistas principiaram ensaios de retomada das ações sociopolíticas. Em decorrência, foi delineada a instituição da Associação Internacional dos Trabalhadores (AIT) em 1864 — organizada em Londres por sindicalistas ingleses e franceses, circundados por exilados poloneses, italianos, alemães e franceses.

Mesmo não representando nenhuma entidade ou organização de trabalhadores da Alemanha, K. Marx tornou-se a principal liderança da recém-fundada Internacional. Coube a ele, inclusive, a elaboração do *Manifesto de Lançamento da AIT* e de seus *Estatutos*, este só publicado em 1871.

No *Manifesto* asseverava que o objetivo da Internacional deveria ser a emancipação das massas trabalhadoras, o que implicava a abolição de todo o domínio de classe. Nos *Estatutos*, de outro modo, assinalou que a "constituição do proletariado em partido é indispensável para assegurar o triunfo da revolução social e seu objetivo supremo: a abolição das classes" (MARX, 1977, v. 3, p. 321, 324).

Todavia, sua exígua organicidade no movimento operário e sindical, as discrepâncias ideológicas, dos projetos organizativos e de intervenção sociopolíticas tornaram-na disfuncional. Os embates e desavenças de concepções entre Marx, Proudhon, Bakunin e outros — acentuadas após a derrota da Comuna de Paris em 1871 — provocaram a dissolução da AIT em 1876, após ter sido transferida de Londres para Nova York em 1872 (KRIEGEL, 1968, p. 28-34).

O projeto internacionalista viria a ser reposto pelos partidos social-democratas ou socialistas fundados no último quartel do século XIX em quase todos os países da Europa e, em menor proporção, em outros países de diferentes regiões.

Em 1889, no centenário da Queda da Bastilha (14/07/1789), diversos partidos, agrupamentos sindicais e alguns militantes e/ou intelectuais, reunidos em Paris, fundaram a Internacional Socialista ou II Internacional.

Papel fundamental, no estabelecimento da nova Internacional, foi desempenhado pelos partidos social-democratas e/ou socialistas, especialmente o alemão. O SPD, criado em 1875, transformou-se nos anos 1889-1914 num grande partido de massas, com forte inserção no proletariado e no sindicalismo, com grande influência na intelectualidade — montou uma vasta rede de jornais e revistas (cerca de uma centena). "A imprensa socialista foi fundamental. Na Alemanha, a imprensa diária e partidária do SPD era a leitura mais popular da classe trabalhadora" (ELEY, 2005, p. 68).

Igualmente o SPD chegou a ter expressivo porcentual eleitoral (35% em 1912) e numerosa bancada parlamentar. Aliás, fenômeno político-eleitoral similar repetia-se na Finlândia (43% em 1913), Suécia (36,5% em 1914), Terras Checas (32% em 1911) e, em menor escala, na Noruega, Áustria, Holanda, Bélgica, Itália, França, Suíça etc. (ELEY, 2005, p. 93).

Herdeiro de Marx e Engels, o SPD exerceu, de fato e de direito, a função dirigente na Internacional — estabeleceu perceptível orientação político-ideológica e tornou o marxismo doutrina oficial.

Por outro lado, o internacionalismo expressava-se ou era simbolizado através de congressos socialistas, realizados com certa regularidade, nos quais eram discutidos projetos e demandas do movimento e outras questões conjunturais — além de iniciativas como a instituição o 1.º de Maio como dia internacional dos trabalhadores, no qual eram realizadas manifestações fraternas e reivindicativas, como, por exemplo, jornada de trabalho de oito horas, descanso semanal remunerado, regulamentação do trabalho da mulher e do menor e outras; o estabelecimento do 8 de Março como Dia Internacional da Mulher; constantes campanhas pela paz e contra a guerra; pelo fato de conceber símbolos, emblemas etc.

Em 1900 foi criado o Birô Socialista Internacional (BSI), sediado em Bruxelas — por sua iniciativa, foram estabelecidas algumas organizações de cunho internacional: Comissão Socialista Interparlamentar (1904), Conferência Internacional de Mulheres (1907), Federação Internacional da Juventude Socialista (1908), além de outras, como as sindicais (KRIEGEL, 1968, p. 30-31).

Tanto a II Internacional Socialista quanto os partidos a ela filiados incorporaram a opção pela intervenção política, porém sem abdicar de seus princípios de autonomia (PRZEWORSKI, 1989, p. 21). Alternativa que significou, particularmente, "nos países nos quais esses movimentos eram legais", que seu propósito "imediato não era nem a revolução nem a transformação radical da sociedade" (HOBSBAWM, 1982, p. 79).

Não obstante o empenho em internacionalizar o movimento socialista por meio da II IC, o nacionalismo persistia mesmo no âmago do ser social e na cultura política da sociedade europeia — embora em diferentes graus, manifestava-se com maior evidência em países como a França, Alemanha, Áustria e alguns outros com menor ênfase.

Contrapondo-se às tendências patrióticas, a IS realizou, em 1912, Congresso em Basileia, no qual os mais de quinhentos delegados presentes decidiram estruturar "uma frente socialista contra a guerra" (COLE, 1975, p. 94). Moções pela paz viriam, igualmente, a ser aprovadas em congressos socialistas subsequentes, até às vésperas do desencadeamento da guerra.

Mas, apesar das insistentes manifestações políticas e/ou declarações de intenção, a maioria dos parlamentares do SPD, o maior e mais importante partido da II Internacional, apoiados pelos sindicalistas e a burocracia sindical e partidária que haviam conquistado a máquina do partido, capitularam ao patriotismo ou, de maneira conveniente, resolveram manter uma postura de resignação (LICHTHEIM, 1979, p. 306). Muitos, inclusive, de modo dissimulado, justificaram o apoio ao conflito, denominando-o de "guerra justa" (KRIEGEL, 1968, p. 75).

Em 1914, dias antes da eclosão da guerra (30/07), foi assassinado em Paris J. Jaurès — respeitável líder do Partido Socialista Francês e da Internacional Socialista —, importante defensor da paz e contrário ao patriotismo militarista. Sua morte enfraqueceu, sobremaneira, a defesa da paz na II Internacional, com ressonância em vários partidos social-democratas e/ou socialistas.

Logo a seguir, coincidência ou não, o PSF e o SPD "sucumbiram ao nacionalismo", apoiando a autorização, em seus respectivos parlamentos, aos créditos de guerra. Na Alemanha, todos os parlamentares social-democratas (111) votaram a favor dos créditos no Reichstag — os da ala esquerda justificaram o voto alegando defesa da disciplina partidária (COLE, 1975, p. 100-101).

As decisões dos principais partidos filiados à Internacional Socialista, sobretudo o poderoso SPD, de apoiar a guerra e de transigir ao nacionalismo implicaram o colapso da II IS. Além dos socialistas franceses e alemães, de outro modo, os "socialistas da Bélgica, da Grã-Bretanha, da Áustria e da Hungria adotaram o defensismo nacionalista, como também os partidos socialistas da Suíça neutra, da Suécia e da Dinamarca". Ou seja, "o velho internacionalismo estava enterrado" (ELEY, 2005, p. 159).

Simultaneamente e conectado à desarticulação da Internacional Socialista, o SPD fracionou-se e padeceu de uma crise sem precedentes e, praticamente, insolúvel. Sua ala majoritária experimentou um momento de letargia irreparável. Por outro lado, sua fração minoritária, bastante heterogênea — centro ortodoxo (Kautsky), revisionista (Bernstein) e esquerda (Rosa de Luxemburgo, K. Liebknecht) —, uniu-se, tendo como elemento comum a defesa da paz e do internacionalismo.

Parte daquele agrupamento (centro) rompeu com o SPD e fundou o Partido Socialista Independente (USPD) em 1917, reunindo facções diversas e contrastantes; uma outra (esquerda) criou a Liga Espartaquista.

Em 1921 o USPD e outros partidos socialistas criaram a União Internacional dos Trabalhadores dos Partidos Socialistas, denominada de Internacional Dois e Meio. A seguir (1923), já depurada de sua ala esquerda, em um congresso, realizado em Hamburgo, fundiu-se com a II Internacional restabelecida em 1919, refundando a Internacional Socialista, denominada de Internacional Trabalhista e Socialista, que, com sérias dificuldades, particularmente, nos anos 1930 com a ascensão do nazifascismo, foi extinta em 1940.

A Internacional Socialista só seria reorganizada no Congresso de Frankfurt (1951), liderada pelo SPD e seu dirigente Willy Brandt. Apresentou-se tanto como alternativa aos regimes comunistas quanto aos liberais. Nesse sentido, excluiu de seu projeto e de sua práxis sociopolítica, de um lado, o marxismo, a luta de classes e a noção de revolução; por outro lado, rejeitou os princípios liberais do livre mercado e assumiu a defesa da intervenção do Estado na regulação socioeconômica. Essas teses, aliás, viriam a ser sistematizadas no Programa do SPD no Congresso de Godesberg em 1959.

Na Conferência de Oslo, em 1962, estabeleceu como fundamentos da Internacional Socialista restaurada o seguinte programa: defesa das instituições e do Estado de direito democrático, a ampliação dos direitos fundamentais de cidadania (civil, política e social), a constituição do Estado de bem-estar social, a cooperação entre as classes sociais, a solidariedade internacional e a defesa da paz. Nas décadas seguintes teve razoável crescimento, aglutinando algumas dezenas de partidos — socialistas, social-democratas, trabalhistas, social-cristãos — de todos os continentes e de um número expressivo de países. Papel importante na recomposição da IS seria desempenhado pela Fundação Friedrich Ebert — ligada organicamente ao SPD, fundada em 1925 e proibida pelo nazismo em 1933, foi reconstituída em 1947 —, tanto na formulação de políticas como na aglutinação de partidos a ela filiados e, especialmente, na difusão política e cultural (seminários, cursos, publicações, bolsas de estudo e de pesquisa etc.).

Nos desdobramentos da Revolução de Outubro de 1917, os bolcheviques constataram que o velho internacionalismo da II Internacional se encontrava em estado mórbido. Feita essa avaliação, Lenin, no discurso inaugural (04/03/1919) do congresso de fundação da III Internacional Comunista (*Komintern*), proclamou a necessidade do estabelecimento de um novo internacionalismo, doravante sob o comando do Partido Bolchevique. Iniciativa essa que, por sua vez, deveria desembocar na criação de uma "República Soviética Internacional", esteada na ditadura do proletariado em substituição à democracia burguesa (LENIN, 1980, p. 76-88).

Daquele modo, o *Komintern* (IC) deveria desempenhar o papel de vanguarda da revolução mundial, Estado-maior do proletariado internacional — ademais, teria como atribuição operar como uma espécie de instrumental do Partido Bolchevique e do Estado soviético. Do mesmo modo, expandir a revolução bolchevique na Europa, na Alemanha em particular, e em outras bandas, nos "elos fracos do sistema imperialista" — nessa lógica, supunha-se que "era iminente a eclosão da revolução mundial" (PONS, 2014, p. 53).

Em 1920, em seu Segundo Congresso, realizado em Moscou, foram estabelecidas as 21 Condições de Admissão dos partidos (seções) nacionais à Internacional Comunista. Dentre elas, podem ser destacadas: fidelidade irrestrita à União Soviética; cumprir incondicionalmente todas as resoluções emanadas da IC; afastar os reformistas ou centristas do seio do partido e isolá-los nos sindicatos e outras organizações proletárias; os partidos comunistas deveriam ser regidos pelo centralismo democrático e pela unidade de ação, dotados de direção centralizada e disciplina férrea; combate incisivo à democracia e demais instituições e valores burgueses, incluindo a luta contra a social-democracia (MILIBAND, 1979, p. 153-155).

Subjacentes àquelas condições, estavam postas as concepções segundo as quais os partidos comunistas seriam seções nacionais da IC e que as instruções de seu Comitê Executivo teriam "força de lei" para todos eles (CLAUDIN, 1985, v. 1, p. 111). Nesse sentido, o *Komintern* representaria, de fato e de direito, "o Estado-maior da revolução mundial"; as seções nacionais, suas divisões; e os militantes comunistas, seus fiéis e aguerridos soldados (HOBSBAWM, 1982, p. 17).

Correlato às determinações expostas *supra*, perpetrou-se — por deliberação do V Congresso do *Komintern* (1924) e em consonância com a adoção do projeto político do "socialismo em um só país" — a "bolchevização" da IC e a metamorfose dos partidos comunistas à imagem e semelhança do Partido Bolchevique e à mercê da União Soviética. Stalin, em 1927, caracterizou essa orientação de forma breve e peremptória:

"Internacionalista é quem, sem reservas, sem hesitações, está pronto para defender a URSS, porque a URSS é a base do movimento revolucionário mundial" (STALIN *apud* PONS, 2014, p. 117). Desse modo, a "defesa da União Soviética assumiu de fato o lugar da revolução mundial" (ELEY, 2005, p. 310). Logo, o internacionalismo foi convertido em "instrumento do nacionalismo grão-russo" (CLAUDIN, 1958, p. 316).

Os partidos comunistas, fundados quase todos eles nos anos 1919-1922, como seções nacionais da III Internacional, foram concebidos como parte intrínseca do movimento comunista. Provenientes da Revolução Bolchevique, encarnaram, obrigatoriamente, a cultura política e a práxis terceiro-internacionalista, o evangelho marxista-leninista, os dogmas e ritos, os símbolos e mitos: a cor vermelha, a foice e o martelo, *A Internacional* (música), 1.º de Maio (Dia Internacional do Trabalhador) e o 8 de Março (Dia Internacional da Mulher) e outros, alguns provindos da I e II Internacionais. Aliás, Marx e Engels foram mesmo entronizados como divindades; Lenin, como o sumo pontífice; e Stalin, como o supremo sacerdote do movimento comunista.

À vista disso, entendemos ser necessário reiterar que foram os bolcheviques que forneceram, aos partidos comunistas, "linguagem e identidade, além de financiá-los generosamente". Da mesma forma, a noção da práxis política como guerra de classes, e a mitologia do Estado soviético como esteio da revolução mundial, embasava a legitimação da IC — o processo de engendramento da cultura política terceiro-internacionalista, por sua vez, "redefinia e recolocava sistemas simbólicos de pertencimento, fornecia referência e oportunidade de identificação mais fortes que qualquer instituição jamais havida na história do socialismo" (PONS, 2014, p. 94-95).

Nos anos 1920, o *Komintern* — *pari passu* e em sintonia com a centralidade política de suporte da "pátria do socialismo" — adaptou a teoria de Lenin sobre o imperialismo, estabelecendo como fator primordial de sua política a questão nacional. Principiada no II Congresso da IC (1920), ganharia conformação aprimorada em seu VI Congresso (1928).

O projeto político da IC foi assim deslocado, paulatinamente, da revolução proletária nos países europeus, de capitalismo desenvolvido, para seus "elos fracos", com foco na Ásia, em especial na China — ou seja, seria orientado pelo anti-imperialismo e pela revolução de libertação nacional, como etapa para o socialismo, por meio da aliança de classes (proletariado, campesinato, pequena burguesia e burguesia nacional). A seguir, essa estratégia foi também imposta aos partidos comunistas da América Latina.

Todavia, na América Latina, as diretivas da IC para os países coloniais, semicoloniais e dependentes de uma revolução democrático-burguesa não seriam incorporadas de imediato. Não obstante a criação do Bureau Latino-Americano da IC (1926), a "bolchevização", de fato, das seções nacionais do *Komintern* somente seria efetivada na I Conferência Latino-Americana dos Partidos Comunistas, realizada em Buenos Aires em 1929.

Essas diretivas para os países da Ásia e América Latina estavam, paradoxalmente, concatenadas à tática da política de "classe contra classe", aprovada no VI Congresso da III IC. Qualquer modalidade de aliança se tornara impraticável com a guinada à esquerda, acompanhada pela adesão ao sectarismo extremado. Nessa orientação a social- democracia passou a ser caracterizada como social-fascismo ou o braço esquerdo do fascismo; seriam duas faces da mesma moeda, entraves para a abertura de uma nova conjuntura revolucionária, propiciada pela crise do capitalismo — os resultados desta política foram não só adversos, mas redundaram em tragédia hedionda, da qual o regime nazista na Alemanha foi o exemplo mais radical.

Após o desfecho catastrófico da política de classe contra classe e da revolução disruptiva no horizonte próximo, a direção da IC promoveu uma nova virada em sua tática política. Em 1934, depois referendada no seu VII Congresso em agosto de 1935, foi adotada a política de frente popular contra o nazifascismo — os principais artífices dessa política foram G. Dimitrov e P. Togliatti.

Constatados os graves equívocos daquela política de extremismo sectário, operou-se uma guinada abrupta — a social-democracia deixava de ser inimiga, passando à condição de aliada; o inimigo principal seria o fascismo. A cultura política terceiro-internacionalista e a práxis comunista deveriam suportar um solavanco brusco. A defesa do Estado de direito democrático tornara-se imperativa. Doutrinados no marxismo-leninismo e norteados pelo paradigma bolchevique, os comunistas haviam sido convencidos a repudiar a democracia burguesa e advogar a democracia proletária; foram, de uma hora para outra, impelidos a salvaguardar os valores e instituições liberais-democráticas (PONS, 2014, p. 172-173).

Não obstante as dificuldades e problemas, os reveses da política de frente popular nos diversos países em que foi posta em prática — casos exemplares da Espanha e França —, ela, por outro lado viria a ter resultantes de monta: os partidos comunistas nacionais organizaram (em conjunto com socialistas e trabalhistas, liberais e cristãos) a resistência e mobilizações contra o nazifascismo e passaram a ter maior autonomia; a democracia, mesmo com todos os senões, ganhou relevância, sobretudo no pós-guerra (1945); a categoria povo sobrepujou, em muitas circunstâncias e países, a de proletariado; da mesma forma que os de nacionalismo e/ou patriotismo sobrepuseram-se aos de classes; a III IC, moribunda, foi formalmente dissolvida em 1943; o nacionalismo grão-russo foi revigorado, como elemento de unidade nacional, na "guerra patriótica" contra o nazifascismo; além de outros efeitos correlatos.

Vitoriosa na guerra contra o nazifascismo — em conjunto com os aliados daquelas circunstâncias históricas —, a URSS saiu do conflito com notável prestígio e como potência reconhecida em variados campos: militar, econômico, político etc. Suas áreas de influência foram, consideravelmente, ampliadas com a ocupação e posterior tutela de países do Leste europeu, tornadas repúblicas populares/comunistas, e a seguir na Ásia (China e Coreia do Norte). Concomitantemente e animados por aquela aura libertadora, os partidos comunistas, principalmente os do Ocidente, tiveram crescimento exponencial e credibilidade amplificada.

Esse período de congraçamento foi, no entanto, de curta duração (1943-47). A convivência pacífica entre os dois campos começou a ser interrompida pelo desencadeamento da Guerra Fria, nos anos 1947-48, entre Estados Unidos e União Soviética, sobretudo.

Já em março de 1946, Winston Churchill, em discurso pronunciado em Fulton, nos Estados Unidos, lançou a expressão "cortina de ferro" — incessantemente explorada pela propaganda político-ideológica norte-americana e por uma infinidade de instituições e forças sociopolíticas da maioria dos países, particularmente no Ocidente —, visando dividir, simbólica e politicamente, o mundo em dois blocos: o Ocidente cristão, livre, liberal e capitalista versus o Oriente ateu e opressor, comunista e totalitário.

Se, por um lado, a Guerra Fria foi uma iniciativa dos Estados Unidos e seus aliados, por outro o Estado soviético e seus satélites não se esquivaram do confronto. Em 1947, por iniciativa da URSS, foi criada a Agência de Informação dos Partidos Comunistas (*Kominform*), o que significou a retomada do centro dirigente do Movimento Comunista Internacional sob o comando do PCUS — espécie de Internacional stalinista. Na conferência em que os partidos comunistas decidiram pela sua criação, uma das principais constatações foi a de que o mundo estaria dividido em dois campos: "o anti-imperialista e democrático sob a direção da URSS, o imperialista e reacionário sob a direção dos Estados Unidos" (PONS, 2014, p. 311).

Nessa atmosfera criada pelo desencadeamento da Guerra Fria, os partidos comunistas do Ocidente foram excluídos de governos de coalizão, muitos deles, inclusive, ilegalizados ou mesmo brutalmente perseguidos — acusados de serem "teleguiados de Moscou", "espiões soviéticos", "instigadores da luta de classes", "fomentadores do caos e da desordem", "agentes da desestruturação da civilização ocidental e cristã".

A Guerra Fria, que se estendeu por mais de quatro décadas, ao criar uma divisão do mundo bipolar, foi muitíssimo útil para a geopolítica norte-americana e soviética. Envolveu a permanente tensão provocada pelos conflitos beligerantes e político-militares, abarcando desenfreada corrida armamentista; a disputa atroz por áreas de influência; a desestabilização de governos hostis a um ou outro e a promoção de regimes ditatoriais (de direita ou de esquerda); a indução de guerras locais e outros acontecimentos e movimentações.

Como contrapartida à criação pelos Estados Unidos e aliados (Inglaterra, França e outros países do continente europeu) da Organização do Tratado do Atlântico Norte (OTAN) em 1949 — espécie de barreira militar visando manter cerrada a "cortina de ferro" —, a URSS promoveu a constituição do Pacto de Varsóvia em 1955, visando não só obstruir possíveis ofensivas da OTAN, como constranger quaisquer veleidades autonomistas no Leste europeu, além de sustentar o equilíbrio bipolar entre os dois blocos, o capitalista e o socialista.

Em realidade, a propagação do juízo de um horizonte próximo catastrófico, determinado pelas vicissitudes do sistema imperialista, *pari passu* ao prenúncio de uma possível guerra — até mesmo nuclear — "quente" entre os dois blocos, foi extremamente conveniente aos dois polos em confronto. Para os Estados Unidos era vantajoso manter unificados os países de sua área de influência, contra o que propagava ser a ameaça comunista; à União Soviética interessava a conservação do congraçamento do mundo socialista, do apoio dos partidos comunistas e da convergência de aliados terceiro-mundistas. Tornara-se proveitosa, para ambos os campos, a manutenção do equilíbrio de forças, militar e geopolítica.

A grande viragem no Movimento Comunista Internacional viria em 1956, quando da realização do XX Congresso do PCUS. Giancarlo Pajetta, dirigente do Partido Comunista Italiano (PCI), constatou, como testemunha ocular e no calor da hora, que aquele congresso — no qual Khruschov em Relatório Secreto fez graves denúncia aos crimes de Stalin, às "violações da legalidade socialista" e ao "culto à personalidade do grande líder" — significou um "divisor de águas na história do Movimento Comunista" (PAJETTA *apud* FIOCCO, 2022, p. 23).

Por outro lado, a recepção das notícias sobre o Relatório Secreto — nem tão secreto, tanto que alguns meses depois foi publicado no **New York Times** — constituiu-se num acontecimento extraordinário, com efeito bombástico no Movimento Comunista, e deu-lhe "uma sacudidela brutal e dramática" (BOFFA, 1967, p. 39). Embora com muitos senões e escusas, expôs a "revelação brutal — apesar das mistificações que deliberadamente continha — da natureza do sistema" (CLAUDIN, 1986, v. 2, p. 642). Em todos os países do mundo, os comunistas receberam a informação perplexos e constrangidos, provocando traumas e dilaceramentos, bem como dolorosas autocríticas.

Ademais, o XX Congresso teve desdobramentos consideráveis: dissolução do *Kominform* (1956); consolidação da política de coexistência pacífica com os países do bloco capitalista; admissão da possibilidade da transição pacífica para o socialismo; renovação da práxis e da cultura política de muitos partidos comunistas; reconhecimento da autonomia relativa dos partidos comunistas nacionais, conquanto os financiamentos dos partidos-irmãos mantiveram a maioria deles dependentes do Estado soviético — além disso, a integração dos partidos nacionais ao Movimento Comunista Internacional manteve-os enlaçados por uma série de órgãos de difusão político-ideológicas identitários de solidariedade: **Revista Internacional**, federações Sindical Mundial, da Juventude, da Mulher e outros organizações, como o Instituto de Ciências Sociais do PCUS (escola de quadros para dirigentes e militantes dos partidos comunistas estrangeiros), Universidade Patrice Lumumba para estudantes encaminhados por correligionários do "terceiro mundo"; assentimento às vias nacionais ao socialismo; ratificação da URSS como referência e condutora do Movimento Comunista; encerramento do quase monopólio dos partidos comunistas como sujeitos revolucionários privilegiados, inaugurando um amplo pluralismo na esquerda; cizânia e divisões no Movimento Comunista, acentuado com o cisma chinês — as tentativas de criação de um movimento maoísta de cunho internacionalista foram, entretanto, desventurosas, restringindo-se à formação de grupos dogmáticos ou verdadeiras seitas milenaristas, na periferia do capitalismo ou mesmo, em alguns casos, agrupamentos radicais exóticos na Europa, como, por exemplo, em Paris nos anos 1960; além de outras implicações, como a perda de vitalidade da saga histórico-mitológica do comunismo soviético.

Igualmente houve o deslocamento da geopolítica soviética para a Ásia, África e América Latina. Nesse sentido concebeu apoio político e material de monta aos movimentos de libertação nacional e/ou anti-imperialistas. Caso exemplar foi o de Cuba, após a "fracassada tentativa estadunidense de invadir a ilha e sufocar a revolução que levara Fidel Castro a abraçar a aliança com a URSS" (PONS, 2014, p. 429). Em 1967, o Estado Cubano, secundado e subvencionado pelo PCUS — apesar das tensões com a *realpolitik* do Estado soviético e dos antagonismos com boa parte dos partidos comunistas latino-americanos —, numa hábil operação política, fundou a Organização Latino-Americana de Solidariedade (Olas). Objetivando tirar o foco da pressão norte-americana sobre a ilha, deveria ser instrumento multiplicador de movimentos revolucionários no continente, espécie de Estado-maior da revolução — apoio político, logístico, financeiro, bélico —, disseminaria focos guerrilheiros na região. Pequenos grupos de elite, vanguarda armada revolucionária, teriam o dever de replicar o exemplo cubano nos diversos países. Da dissidência dos partidos comunistas e outros grupamentos ou seitas esquerdistas, despontaram movimentos guerrilheiros de variadas espécies em países como: Guatemala, Venezuela, Colômbia, Peru, Bolívia, Brasil, Uruguai, Argentina, além de outros. À exceção da Nicarágua, onde a Frente Sandinista tomou o poder em 1979, nos demais lugares não só malograram, mas em muitos casos resultaram em tragédias políticas e até mesmo humanitárias. A propósito, a mesma política foi aplicada na África (Angola, Moçambique, Etiópia), onde a União Soviética financiou as operações militares cubanas de solidariedade aos Estados/Partidos "irmãos" — de um lado resolvia o problema de recursos do governo de Cuba via financiamento de suas tropas (acompanhadas de técnicos, médicos etc.), de outro contribuía para a manutenção de Estados alinhados ou sob sua tutela, sem precisar intervir diretamente nos conflitos.

O Movimento Comunista, que já havia sido abalado pelo XX Congresso do PCUS com as denúncias ao stalinismo — seguido pela implacável repressão às agitações contra os regimes autoritários na Polônia e Hungria (1956) —, experimentou desaire sem possibilidades de reversão a partir, sobretudo, dos movimentos contestatórios ao status quo em muitos países — o mais notável em Paris — e a Primavera de Praga, movimento de renovação do socialismo, brutalmente desmantelado pela intervenção soviética. Doravante, o movimento comunista, de extração soviética, perderia inapelavelmente seus últimos resquícios de encantamento e credibilidade, adentrando uma fase de morbidez.

Pelo exposto, é visível que, na história do movimento comunista, tanto à época do *Komintern* (1919-1943) quanto no breve período do *Kominform* (1947-56) e, posteriormente, nos intentos de reconstituição do Movimento Comunista Mundial nos anos 1960/70 — como já havia ocorrido com a II Internacional em 1914 —, internacionalismo e nacionalismo apresentaram-se amalgamados e/ou embaralhados, mas com prevalência do nacionalismo ou patriotismo. Os partidos comunistas viveram o permanente dilema "entre a lealdade à URSS" e a necessidade de defesa da identidade nacional (PONS, 2014, p. 369).

4

SOCIALISMO SOVIÉTICO

Capturado o Estado (outubro de 1917) — animados pela fortuna (acaso histórico-político) e pela virtude (perspicácia política de seus dirigentes, Lenin sobretudo) —, os bolcheviques trataram, com a urgência requerida, de recompor o poder, esgarçado pela crise sociopolítica e pela guerra, consolidando-o como "ditadura do proletariado" e como um Estado demiúrgico sob a direção do partido único. A propósito, um dos primeiros atos dos bolcheviques no poder foi a dissolução da Constituinte (janeiro de 1918), eleita em novembro, na qual seus representantes eram minoria. Rosa de Luxemburgo chamou atenção, de imediato, para as consequências daquela conduta: "abafando a vida política em todo o país, a paralisia atinge também, cada vez mais, a vida dos sovietes". Ou seja,

> [...] sem eleições gerais, sem uma liberdade de imprensa e de reunião ilimitadas, sem o livre confronto de opiniões, a vida se debilita e vegeta em todas as instâncias públicas e a burocracia acaba como único elemento ativo (LUXEMBURGO, 1991, p. 94).

Desse modo, é patente que aquelas concepções de como organizar o Estado socialista como "ditadura do proletariado" — sob o comando da "vanguarda do proletariado" ou seu "Estado-maior" (partido) — já estavam presentes nas formulações de V. I. Lenin, elaboradas antes mesmo da conquista do poder pelos bolcheviques em 1917. Ou seja, uma vanguarda apta a conquistar o poder estatal e com capacidade de impor seu domínio para o estabelecimento do novo regime — "de ser o maestro, o dirigente e o guia de todos os trabalhadores e explorados na obra de organizar sua própria vida social sem a burguesia e contra ela" (LENIN, 1987, p. 72).

Conquistado o Estado — em meio à dissolução do poder autocrático czarista —, o projeto bolchevique, direcionado à construção socialista, deparou-se com uma realidade extremamente adversa: guerra e cerco militar do exército alemão, guerra civil, destruição da infraestrutura, crise de abastecimento, precário desenvolvimento das forças produtivas e das relações capitalistas de produção, predominância da economia agrário-camponesa, população majoritariamente rural e quase toda analfabeta, proletariado urbano diminuto e concentrado em algumas áreas apenas, sociedade civil rarefeita e inorgânica, relações sociais e humanas opressivas e iníquas, direitos civis e políticos vetados aos subalternos e privilégio de uma elite dominante despótica (nobreza, clero, burguesia, alta burocracia estatal), instituições autocráticas, cultura política incivil, além de outras determinantes.

    Diante dessas circunstâncias conjunturais e pela realidade histórica da formação social russa, Lenin, em 1918, embasado naquelas concepções anteriormente formuladas, indicou a natureza que deveria adquirir o socialismo soviético em seu processo constitutivo. Afirmava ser necessário assimilar o capitalismo de Estado alemão e implantá-lo com todo o vigor, sem "suavizar os métodos ditatoriais para acelerar o ocidentalismo na Rússia bárbara, nem evitar os meios bárbaros de luta contra a barbárie". À vista disso, asseverava que a Alemanha possuía a mais "moderna técnica capitalista e de organização planificada", subordinada, porém, ao "Estado militarista junker, burguês, imperialista" — seria possível, entretanto, incorporar suas técnicas e organizações para constituir um Estado de "tipo social diferente, de diferente conteúdo de classe, um Estado soviético, isto é, um Estado proletário", o que permitiria a criação de "condições necessárias para o socialismo". Além do mais, julgava que "o capitalismo monopolista de Estado" seria "preparação material completa para o socialismo, a antessala do socialismo, um degrau da escada da história entre o qual o degrau chamado socialismo *não há nenhum degrau intermediário*" (LENIN, 1988, p. 303, 250-251, 45).

    Informado por aquelas teses — elaboradas por Lenin —, condicionada pelas contingências do momento e pela herança histórico-política do Império czarista, foi encetada pelos bolcheviques na montagem do socialismo soviético.

    Principiada pelo que foi denominado "comunismo de guerra" (1918/21), envolveu uma série de medidas como: estatização da economia, abolição do mercado, liquidação da moeda, pagamento dos salários em espécie, requisições forçadas da produção agrícola camponesa para abastecer as cidades, férrea disciplina no trabalho, entre outras.

    O arcabouço socioeconômico arquitetado nesses anos, ainda que de forma embrionária, implicou a criação de fatos e fatores, de medidas e atos que viriam a ter incidências relevantes na conformação do Estado soviético. A reconstrução do Estado e das instituições (exército, polícia, aparato burocrático-administrativo etc.), em meio à guerra civil, exigiu a montagem do "Exército Vermelho" para dar combate às forças do antigo regime — em poucos meses agregou uma massa numerosa de soldados e oficiais do exército do ex-império; o mesmo ocorreu com a incorporação de quadros da burocracia czarista. Além disso, o poder foi centralizado em Moscou, subordinando as repúblicas e as autoridades regionais e/ou locais.

Já, a partir de 1918, os sovietes foram, paradoxalmente e de modo contínuo, subjugados ao Partido Bolchevique e/ou ao Estado soviético — deles foram excluídos todos os partidos ou grupos que não integravam a nova ordem; o partido passou a aplicar decisões (via "centralismo democrático") por meio dos sovietes. Os sindicatos, igualmente, foram tornados correias de transmissão do partido-Estado, com a justificativa segundo a qual não mais necessitariam de autonomia, dado que não havia mais razão que justificasse a luta por reivindicações contrárias a seu próprio Estado, único representante legítimo do proletariado —, a extrema centralização do poder de decisão nas instâncias do partido e nos órgãos do Estado "eliminou as iniciativas e a autonomia dos sovietes e outros organismos participativos (como os sindicatos) não só nas empresas como também nos bairros, cidades e aldeias" (RODRIGUES, 1990, p. 96). A propósito, os sindicatos foram, de modo diverso, incumbidos do "adestramento das massas agrárias da Rússia, que não estavam acostumadas com as necessidades objetivas da disciplina fabril" (KURZ, 1992, p. 58) — para tanto, os bolcheviques valeram-se das entidades sindicais para impor a organização científica do processo produtivo e/ou de produção fabril visando aumentar, celeremente, a produtividade do trabalho, o taylorismo (CARR, 1997, p. 41-42).

A ditadura do proletariado reduziu-se, num curto espaço de tempo, à ditadura de sua vanguarda política, o Partido Bolchevique — esse tipo de procedimento acentuou-se com a eliminação ou ilegalização dos demais partidos e movimentos de extração socialista (mencheviques, social-revolucionários, anarquistas) e a imposição do partido único. Não tardou (1921) a determinar-se o fim das tendências no partido em nome do combate ao fracionismo, em defesa da unidade de ação e do princípio do centralismo democrático — as divergências não mais poderiam ser expostas publicamente, sob a alegação do perigo de conjuras dos inimigos de classe e às ameaças externas promovidas por agentes do cerco imperialista; deliberação não concretizada pelo menos até finais dos anos 1920, nos quais várias facções disputaram o poder de forma exasperada, concluída com o triunfo da grupo liderado por Stalin após aniquilar os adversários.

Demais disso, a imposição desse ordenamento sociopolítico, com aquelas normas e métodos, provocou resistências de variados tipos. Exemplar dessa insatisfação e oposição ocorreu, em março de 1920, quando os marinheiros da fortaleza de Kronstadt, ao lado de Petrogrado — que haviam tido papel notável nos acontecimentos que levaram os bolcheviques ao poder —, se rebelaram contra a ordem soviética, reivindicando liberdade de reunião e organização, autonomia sindical, libertação de presos políticos, devolução do poder aos sovietes etc. — o levante foi implacavelmente arrasado pelo Exército Vermelho e pela Tcheka. De outro modo, revoltas camponesas foram deflagradas em várias regiões, especialmente contra as requisições forçadas de cereais e deportações. Na Ucrânia uma legião de camponeses, comandada por N. Makhnó, rebelada contra o domínio bolchevique, foi brutalmente esmagada pela intervenção do Exército Vermelho; o mesmo sucedeu-se na região de Tombov, na qual um levante camponês foi também controlado pelas forças soviéticas.

Em concomitância foi criada uma polícia política (Tcheka), com a função de garantir a implantação da nova ordem, o socialismo soviético. Desde 1918 até 1920/21, "a Tcheka tornou-se um órgão de terror, ministrando justiça primária, inclusive execuções, realizando prisões em massa", sob o subterfúgio de combate aos "inimigos do povo" e a subversão contrarrevolucionária — segundo dados oficiais dos bolcheviques, somente na Rússia Ocidental europeia, em pouco mais de um ano (1918/19), mais de oito mil "pessoas foram fuziladas pela Tcheka e 87 mil foram presas" (FITZPATRICK, 2017, p. 115). Ela, além do papel político coercitivo, foi encarregada de realizar ações extraeconômicas, como a extorsão da produção camponesa; ou ainda podia fuzilar ou deter "especuladores" como exemplo (SKOCPOL, 1985, p. 230).

Findada a I Guerra Mundial, derrotada a reação antissoviética e com o fito de reconstrução da economia e da infraestrutura arruinadas, os bolcheviques resolveram, em 1921, mudar a política econômica ("comunismo de guerra"). Com esse objetivo, conceberam a Nova Política Econômica (NEP).

Sua implementação implicava a restauração, ainda que parcial, de mecanismos para dinamizar a produção e circulação de mercadorias: estímulo à produção agrícola, baseada na propriedade camponesa; certa liberdade de comércio e restabelecimento de trocas monetárias; impulso a pequenas e médias empresas artesanais e manufatureiras (muitas das quais devolvidas aos seus antigos proprietários). O Estado abdicava, dessa maneira, do exercício "dos controles coercitivos sobre a produção camponesa" e autorizava "a reabertura do mercado entre cidade e campo". Mantinha, entretanto, a propriedade "de quase toda a indústria e do sistema bancário", além do controle "sobre o comércio exterior" (DAVIES, 1986, p. 85).

> A NEP, portanto, tornou-se um modelo de economia mista, na qual os setores fundamentais (a indústria em larga escala, grande parte do comércio no atacado, o comércio exterior) eram controlados pelo Estado, mas onde o próprio setor estatal tinha de agir também em contexto de mercado; através de um acordo com consumidores, a direção estabelecia a proporção relativa dos produtos, os custos deviam ser cobertos com o que fosse conseguido com as vendas e o plano estatal se limitava, em grande medida, somente aos investimentos. Os camponeses foram liberados para cultivar e vender como bem entendessem. (NOVE, 1986, p. 116).

Por outro lado, foi instituída, em 1922, a União das Repúblicas Socialistas Soviéticas (URSS), que, além da Rússia, passou a incluir a Ucrânia, a Bielorrússia e a Transcaucásia (Geórgia, Azerbaijão e Armênia) e nos anos seguintes Turcomenistão, Uzbequistão (1924), Tadjiquistão (1929) e Cazaquistão (1936) — em 1939, foram anexados os Estados bálticos (Letônia, Lituânia e Estônia) e a Moldávia.

Correlato a isso, o Partido Bolchevique foi tornado Partido Comunista da União das Repúblicas Socialistas Soviéticas (PCURS) — este, por sua vez, converteu-se num imenso aparato organizativo com crescimento exponencial: de 24 mil membros em 1917, chegou a 700 mil em 1921 e mais de 1 milhão no final daquela década.

Todos aqueles fatos e fatores, aglomerados a alguns outros — entre os quais a instalação da NEP e suas implicações, a criação da URSS, as mutações do Partido e de órgãos da sociedade civil (sindicatos, sovietes e outros), a conformação do Estado soviético-bolchevique, a derrota da revolução no Ocidente sob o comando do *Komintern*, o impedimento de seu líder supremo (Lenin) de dirigir o Partido-Estado —, suscitaram controvérsias antagônicas, sobre as alternativas de construção do Estado bolchevique e das condições socioeconômicas em direção ao socialismo.

O debate, no entanto, foi desde o início permeado e/ou contaminado por interesses político-ideológicos e luta pelo poder — desenrolou-se envolto em conflitos entre facções, agrupamentos e tendências, evoluindo, inclusive, para um agudo e dilacerante confronto no interior do Partido/Estado. Envolveu dirigentes do Comitê Central do Partido e do alto escalão do Estado: Bukharin, Zinoviev, Kamenev, Trotsky, Stalin, Molotov, Rikov, Tonski e muitos outros do mesmo naipe e um grande número de correligionários. Seu desfecho teve início nos anos 1925/27, com o triunfo da facção comandada por Stalin, circundado por legiões de *apparatchiks* e de burocratas da máquina estatal — mas só seria finalizado na segunda metade da década de 1930, com os grandes expurgos e a consolidação no poder da autocracia stalinista.

Uma das primeiras determinações da *nomenclatura* — que foi se impondo de modo progressivo e agressivo, com a eliminação ou expurgo de rivais na luta interna — processou-se no XIV Congresso do Partido Comunista, realizado em 1925, no qual deliberou-se pela implementação do projeto de "socialismo num só país". Essa resolução significou a renúncia à expansão da revolução à Europa, para a Alemanha em particular, estratégia original da política revolucionária bolchevique e do *Komintern* — essa guinada, por sua vez, requeria a "revisão estratégica da revolução mundial, baseada no papel do Estado soviético" (PONS, 2014, p. 125). "Modernização nacional, e não revolução internacional, era o objetivo primordial do Partido Comunista Soviético" (FITZPATRICK, 2017, p. 170) — logo, tratava-se de edificar os pilares básicos para a industrialização com recursos e esforços próprios. O *establishment* ascendente "e a burocracia em geral" tinha "seus motivos próprios de *Realpolitik* e *raison d'Ètat*" (DEUTSCHER, 1968, p. 64). Envolvia, de mais a mais, ressuscitar o velho nacionalismo Grão-russo e de redirecionar a política das seções nacionais da IC, voltadas, daí em diante, a servir como agentes de apoio ao Estado soviético — o espaço geopolítico revolucionário seria deslocado para a Ásia, de fomento às revoluções anti-imperialistas e/ou aos movimentos de libertação nacionais.

A grande reviravolta, contudo, seria concretizada em fins dos anos 1920 e ao longo da década de 1930. Nesse período (1929/41) foram elaborados três planos quinquenais. O primeiro (1929/33) estabeleceu o programa de industrialização pesada e em ritmo acelerado, concomitante à coletivização forçada da agricultura — significou, na verdade, a extinção definitiva da NEP. As metas estabelecidas para esse primeiro plano, pelos órgãos de planejamento central — Comissão Estatal de Planejamento (Gosplan) —, teriam continuidade nos dois seguintes. Estavam assentados em algumas premissas básicas: coletivização da agricultura, industrialização pesada, exploração extensiva do trabalho e pela descomunal coerção socioeconômica e político-ideológica.

Em 1929 teve início vasta operação de coletivização da agricultura e a expropriação em massa do campesinato. A transformação da propriedade camponesa em grandes fazendas coletivas não ocorreu, porém, de modo pacífico; pelo contrário, a resistência camponesa provocou brutal reação do regime soviético, resultando na deportação (para regiões longínquas da Sibéria, Urais e outras), detenção (alocados em campos de trabalho forçado) ou mesmo na morte de milhões de camponeses. O pretexto foi a eliminação dos Kulaks (camponeses médios que prosperaram com a NEP), considerados exploradores e "inimigos de classe" — a deskulaquização chegou a vitimar cerca de 5 milhões de famílias camponesas (FITZPATRICK, 2023, p. 80).

Já em 1932, mais de 60% das propriedades camponesas haviam sido coletivizadas, alcançando 93% em 1937 — as regiões preponderantes na produção de grãos e outras produtoras de gêneros agrícolas (Ucrânia, Cazaquistão, Volga, Cáucaso etc.) enfrentaram, além da expropriação e coerção, sérios problemas de subsistência no inverno de 1932/33, inclusive com alguns milhões de mortos por subnutrição e/ou fome (FITZPATRIK, 2017, p. 204-205). Em 1939 os *kolkhozys* contavam com quase 30 milhões de trabalhadores agrícolas e os *sovkhozyss* com cerca de 1,8 milhão (LEWIN, 2007, p. 89).

Simultâneo e/ou conjuminado com a coletivização da agricultura, desencadeou-se o processo de industrialização em ritmo célere, extensivo e vultoso — sua implementação teve como diretriz o estabelecimento da grande indústria de bens de produção (máquinas e equipamentos), energética (carvão, petróleo, hidrelétricas etc.), de reaparelhamento e modernização da infraestrutura (ferrovias, hidrovias, rodovias, metrôs e outros meios) e, secundariamente, de bens de consumo duráveis e não duráveis.

Para alcançar tais objetivos e executar tais planos, o Estado soviético necessitava de capital em escala volumosa, isto é, o "regime soviético também precisava acumular capital para se industrializar" (FITZPATRICK, 2017, p. 171) — demanda que viria a ser solucionada, em grande medida, pela "acumulação primitiva socialista", na formulação de E. Preobrazhensky (NOVE, 1986, p. 126).

Os meios para sua concretização foram delimitados tendo como fontes principais: a expropriação da propriedade camponesa com sua coletivização e a apropriação do sobretrabalho nos *kolkhozyss*; o trabalho compulsório nos campos de trabalho forçado (*gulag*), a emulação socialista através do sacrifício laboral e pelo stakhanovismo (trabalho exemplar) hiperprodutivos, além de outros meios de produção de valor a ser apoderado pelo Estado. A industrialização imposta pelo Estado soviético implicou, desse modo, sujeitar o povo ao martírio de "sangue, esforço, lágrimas e suor" (HOBSBAWM, 1995, p. 371).

Congruentes com aquelas diretivas, foram edificados complexos industriais em cidades e regiões factíveis e/ou estratégicas na Ucrânia, Sibéria, Ásia Central e outras áreas — imensos projetos e plantas industriais foram construídos: automóveis em Gorki, tratores em Stalingrado e Kharkov, metalúrgicas em Kuznets e Magnitogorsk, siderúrgica em Zaporíjia e muitos outros. Nesses anos, 1930/50, milhares de empresas foram instaladas, tornando a URSS uma potência industrial.

A coletivização, de um lado, ao expelir camponeses para as cidades; e a industrialização, de outro, ao demandar cada vez maior quantidade de mão de obra, acarretaram extensa migração do campo para os centros urbanos, grandes e médios. O deslocamento em massa para as cidades à procura de novas oportunidades de trabalho e melhores condições de existência envolveu, nos anos 1928/41, quase 20 milhões de trabalhadores. "O influxo de camponeses em busca de trabalho ou fugindo do campo tornou a expansão urbana um grande problema para o regime" (LEWIN, 2007, p. 92).

O ambiente urbano para aquela massa de trabalhadores, oriundos das áreas rurais, era deveras estranho — a sociabilidade penosa, em especial para os não jovens — fazia com que conservassem os valores tradicionais do mundo rural. Subjugados pela disciplina fabril e pelo meio urbano hostil e/ou insensível, conferiram "às cidades soviéticas o aspecto sombrio, miserável, semibárbaro", ou ainda os levaram a retornar ao estado de "individualismo primitivo dos mujiques" (DEUTSCHER, 1968, p. 44).

Parelho a esse fenômeno, houve a entrada em massa de mulheres no mercado de trabalho, tanto fabril como no de serviços — somente na década de 1930, cerca de dez milhões de trabalhadoras foram empregadas nas novas ocupações, processo acentuado no imediato pós-guerra devido ao fato da perda no conflito, pela URSS, de mais de 20 milhões de trabalhadores.

É inquestionável que a coletivização agrícola e a industrialização resultaram em transformações colossais: compeliram "mais de cem milhões de camponeses a abandonarem suas pequenas propriedades" a se instalarem em fazendas coletivas estabelecidas pelo Estado; "arrancou implacavelmente das mãos do mujique o secular arado de madeira"; encaminharam milhões "de analfabetos para a escola e fez com que aprendessem a ler e escrever"; desvincularam a natureza da "Rússia europeia da Europa e colocou a Rússia asiática mais perto da Europa" (DEUTSCHER, 1970, p. 266).

Sobrepostas a essa realidade, as condições de existência decorrentes da urbanização descontrolada tornaram-se muitíssimo drásticas. Desse modo:

> Desnutrição, más condições habitacionais, falta de higiene, exaustão física e nervosa devido ao pouco descanso, para não mencionar a participação das mulheres na força de trabalho, que enfrentavam as mesmas pressões que os homens (se não mais) — isso explica queda da natalidade nos anos 1930. No início dessa década, as dificuldades econômicas, a fome (especialmente nos anos 1932-3) e outras durezas reduziram o crescimento populacional. Escassez de comida, racionamento, intensas migrações, "degulaguização" e constantes fluxos para dentro e para fora das cidades arruinaram a tradicional vida em família e as relações dentro de cada família. (LEWIN, 2007, p. 87).

Imbricada a esse processo, foi desencadeada uma assombrosa repressão ordenada pela autocracia dominante — comandada por Stalin — e executada pela polícia política e pela "justiça". Somente em 1937/8, mais de 1,5 milhão de indivíduos foram detidos e quase 700 mil executados, inclusive membros da direção do Partido e do Estado soviético. "A maioria dos delegados para o 17º Congresso de 1934 ('Congresso dos Vitoriosos') — 1108 deles — havia sido presa e 848 mortos" (LEWIN, 2007, p. 137; KHRUSCHOV, 2022, p. 67).

Naqueles anos foi instaurado o que ficou conhecido como "Processos de Moscou", dirigidos pelo promotor A. Vichinski. Com julgamentos encenados, foi eliminada, sob a acusação de contrarrevolucionários, inimigos do povo e/ou quintas colunas — à exceção da autocracia stalinista —, a velha guarda bolchevique ou o que dela restava: Kirov (1934), Kamenev, Zinoviev, Piatakov, Bukharin, Rikov, Radek e outros. Os expurgos atingiram também o Exército Vermelho (1937), quando a maioria dos membros do alto-comando foram condenados e executados (KHRUSCHOV, 2022, p. 66 *et seq.*).

Eliminada a velha-guarda bolchevique, ascendeu ao primeiro escalão do Partido Comunista um grupo de quadros — L. Kaganovitche, L. Beria, A. Kossiguim, A. Sdânov, N. Khruschov, L. Brejnev, A. Gromiko, A. Mikoyan, A. Andreev, K. Voroschilov, N. Bulganin e outros —, cuja fidelidade canina a Stalin era sua aptidão política.

Além do mais, as prisões, deportações e execuções daqueles considerados contrarrevolucionários e inimigos do povo soviético — que vinham sendo alvo de perseguições e repressão desde os anos 1920 — foram intensificadas de forma descomunal. Milhões de pessoas — grande número delas militantes ou dirigentes comunistas — foram enviadas aos campos de trabalho forçado (*gulags*), deportadas para regiões longínquas ou, simplesmente, condenadas à morte — entre 1934 e 1953, 1,6 milhão morreu nos cativeiros (LEWIN, 2007, p. 159).

Todos aqueles procedimentos, é fato, eram inerentes ao sistema de poder, cuja origem está nos anos 1920, mas que ganhou configuração plena no decorrer das décadas de 1930/40. Um sistema vertical, que tinha no topo uma autocracia despótica que exercia o domínio através do terrorismo de Estado e por meios opressivos e cruéis — comandada por Stalin, compunha-se de um núcleo exclusivo de dirigentes do Partido Comunista e do Estado soviético. Logo abaixo, na faixa intermediária, uma *nomenclatura* que, em meados da década de 1940, contava com mais de 40 mil "cargos de liderança nos aparatos do partido e do Estado"; e na base uma vasta quantidade de *apparatchiks*, funcionários e/ou burocratas da máquina partidária-estatal — um Estado onipresente; um verdadeiro "colosso burocrático" (LEWIN, 2007, p. 427).

Complementares e/ou apensos ao sistema autoritário-burocrático, chefiado e norteado pela autocracia imperante, três elementos primordiais compunham o Estado/Partido soviético: o nacionalismo russo, validado pelo internacionalismo comunista; a política cultural embasada pelo realismo socialista e pela apologia ao regime soviético; o culto à personalidade do líder providencial e onipotente.

A primeira, o socialismo de índole nacional ou a restauração do nacionalismo russo — que vinha ganhando corpo desde 1925, quando foi lançada a tese do "socialismo num só país" —, foi, de fato, tornada política de Estado na década de 1930 e atingiu seu clímax na luta contra a invasão da URSS pela Alemanha nazista em 1941. A resistência vitoriosa do Exército Vermelho, com invulgar apoio popular, ganhou caráter e/ou a qualificação de "Grande Guerra Patriótica" — o "Dia da Vitória" (09/05/1945), comemorado todos os anos com grande fervor popular e paradas militares, com toques de patriotismo russo, tornou-se mesmo mais notável do que a data (25/10/1917) de tomada do poder pelos bolcheviques (Revolução de Outubro).

Por um lado, houve, a partir de 1935, uma progressiva redução das intervenções políticas da IC e, por outro, a valorização dos preceitos patrióticos da grande Rússia — reposição das antigas tradições e do passado imperial; resgate dos símbolos czaristas, como a revisão do hino soviético, restabelecendo versos de louvor à "Grande Rússia"; o nacionalismo eslavófilo foi tornado elemento de unidade nacional e social, associado à russificação das repúblicas que compunham a URSS — engendrou-se a ressignificação e/ou ressurreição "seletiva do passado russo, um uso instrumental do nacionalismo, um declínio da ética internacionalista" (PONS, 2014, p. 187). Não por acaso, o *Komintern* foi extinto em 1943, à revelia de suas seções nacionais.

O segundo componente adjunto do poder soviético foi o estabelecimento de uma política cultural, guiada e/ou ordenada pelo realismo socialista. Suas sementes, na verdade, já estavam plantadas e começaram a germinar com o *Proletkult* e outros movimentos do mesmo naipe, que proliferaram nos anos 1920, propugnando a criação de uma cultura proletária, contraposta à herança cultural burguesa clássica — uma arte de agitação e propaganda, apologética do socialismo soviético.

Reelaborada, seria convertida em política cultural oficial do Estado soviético e do Partido Comunista no I Congresso de Escritores Soviéticos, realizado em 1934. Seus fundamentos basilares deveriam ser os da pedagogia socialista: arte justificadora de concepções político-ideológicas de partido; expressão da consciência de classe do artista (socialista) e reflexo, necessário, das aspirações do proletariado; retrato do "novo homem soviético", o herói positivo, embasado no romantismo socialista.

A. Sdânov, ideólogo e administrador da política cultural, foi encarregado, no Partido/Estado soviético, de orientar o cumprimento das premissas do realismo socialista — os não adeptos da estética do realismo socialista foram tratados como cosmopolitas, sequazes dos valores burgueses, renegados. Impingida como política cultural de Estado e partidária, impregnou todas as modalidades de criação artística: literatura, teatro, pintura, cinema, escultura, arquitetura e suas variantes. O realismo socialista foi disseminado mundo afora pelos partidos comunistas nacionais; seus resultados político-ideológicos foram contraproducentes ou mesmo pífios — produziu um tipo de arte louvadora do socialismo soviético, destituída de qualquer valor estético.

O terceiro, e provavelmente o mais emblemático, talvez tenha sido a concepção do homem providencial, encarnado ou personalizado no líder virtuoso e sublime, onisciente e onipotente.

O culto à personalidade de Stalin foi um desdobramento da idolatria à figura de Lenin — este "transformado no Líder, dotado de qualidades quase divinas", com o corpo embalsamado e exposto no Mausoléu na Praça Vermelha, para ser reverenciado pelo povo soviético (FITZPATRICK, 2017, p. 165). Milhares de pessoas — muitas deslocando-se de Repúblicas remotas ou do interior da Rússia — passaram a fazer peregrinações para visitar o mausoléu de Lenin, numa espécie de devoção religiosa.

Nos anos 1930 e posteriormente, Stalin foi proclamado o legítimo herdeiro de Lenin. Ambos passaram a ser representados, lado a lado, em pinturas, esculturas, peças de teatro, filmes etc. Nas comemorações de seu 60.º aniversário (1939), foram promovidos inúmeros eventos em homenagem ao "grande mestre, pai e guia dos povos", "o maior e mais sábio estadista da história" — dirigentes de todos os escalões do Partido Comunista escreveram artigos, nos jornais e revistas soviéticos, de louvação ao herói. "Em vinte e duas categorias das artes e das ciências, foram instituídos prêmios Stalin" (McNEAL, 1986, p. 278). Sdânov, discursando no XVIII Congresso do Partido Comunista (1938), não conteve sua sabujice e exclamou feérico: "Viva o gênio, o cérebro, o coração do Partido Bolchevique, de toda a humanidade progressista, sua vanguarda, o nosso Stalin" (SDÂNOV apud SALVADORI, 1986, p. 286). Há tempos, Stalin já vinha sendo divinizado — o jornal *Pravda*, de 28/08/1936, publicara um poema que chegou mesmo a atribuir a ele a criação do mundo:

> Oh, grande Stalin! Oh, chefe dos povos! / Tu que fizeste nascer o homem/ Tu que fecundas a terra/ Tu que rejuvenesces os séculos/ Tu que fazes florir a primavera/ Tu que fazes vibrar as cordas musicais [...] Tu esplendor da minha primavera, oh, tu sol refletido para milhões de corações. (AUTOR ANÔNIMO apud SERGE, 1977, p. 8).

Numa *Biografia condensada*, publicada em 1948, Stalin foi apresentado como uma divindade, "descrito como um sábio iluminado, o 'líder grandioso', o 'maior estrategista de todos os tempos e de todos os povos'" (KHRUSCHOV, 2022, p. 99).

Do processo inaugural, abrangendo o período que vai da conquista do poder pelo Partido Bolchevique, em 1917, e a instituição do socialismo soviético no período 1918/28 (do "comunismo de guerra" à Nova Política Econômica, NEP), até sua consolidação nos anos 1928/56 (solidificação do Estado soviético e do domínio da autocracia stalinista), nada indica que tenha sido um movimento linear, inevitável, prefixado. A despeito de haver, indubitavelmente, um fio vermelho ligando outubro de 1917 ao (des)fecho da montagem do socialismo de Estado soviético em 1956 (realização do XX Congresso do PCUS), é verossímil que em "cada momento crucial dessa evolução apresentaram-se diversas alternativas, lutas difíceis cujo desenlace não estava predeterminado" e "porque certas alternativas triunfaram e outras não" (CLAUDIN, 1990, p. 119).

No decorrer das décadas de 1920/30 — o Partido/Estado envolto em embates de facções com concepções diversas sobre qual o tipo de sociedade e de Estado se queria construir —, foi se corporificando um protótipo de socialismo que seria fixado nas décadas seguintes, cujas características gerais podem ser sintetizadas topicamente, como segue: 1. Estatização dos meios de produção, planejamento ultracentralizado da economia, industrialização extensiva, coletivização da agricultura, abolição da economia de mercado. 2. Desenvolvimento das forças produtivas e de relações não capitalistas de produção — industrialização acelerada e coletivização da propriedade e produção no campo —, propiciada pela expropriação do campesinato, pelo trabalho compulsório e/ou compelido (campos de trabalho forçado, *gulags*) e pela mais-valia absoluta (stakhanovismo, abnegação e/ou emulação socialista) — ou seja, "acumulação primitiva socialista". 3. Organização de um Estado/Partido demiurgo, onipresente e autocrático, parametrado e/ou alicerçado na "ditadura do proletariado". 4. Estatização/partidarização dos sovietes, sindicatos, imprensa e outros órgãos e instituições da sociedade civil. 5. Abolição de normas minimamente democráticas, além da extinção de quaisquer resquícios de liberdade e direitos civis e políticos. 6. Dicotomia entre democracia proletária (superior) e democracia burguesa (instrumento de dominação e exploração de classe da burguesia). 7. Ilegalização dos partidos políticos não oficiais ou mesmo criminalização de facções ou dissensões do Partido Comunista, sujeitas ao banimento, detenção ou mesmo eliminação física. 8. Cultura e práxis política antidemocráticas, incíveis, estatólatras, da violência e guerra civil permanente, alimentadas pela (re)invenção ininterrupta dos "inimigos do povo" e dos "contrarrevolucionários" — terrorismo de Estado. 9. Problemas das nacionalidades, étnicos e religiosos tratados por meio da coerção, anexações, remoções e russificação. 10. Ressignificação do nacionalismo gran-russo, ancorado no internacionalismo comunista, somado a crenças em líderes demiurgos, introjetou no imaginário popular elementos identitários, de pertencimento a uma comunidade nacional soviética e internacional. 11. Política cultural regulada pelo realismo socialista e embasado no romantismo revolucionário, consubstanciada em rituais de fé ou de religiosidade secular; na corporificação de símbolos e ideologias ecumênicas: hino *A Internacional*, cor vermelha, punho cerrado, foice e martelo e vários outros. 12. Marxismo-leninismo tornado ideologia oficial, como um sistema sacralizado de dogmas que tudo explicava e justificava. 13. Conformação de extratos sociais ou estamentos privilegiados, os novos donos do poder: dirigentes partidários de variados escalões, alta burocracia estatal, oficialidade militar e outros, totalizando uma imensa quantidade de cargos. 14. Internacionalismo tutelado e modelado, como instrumento de solidariedade ao comunismo soviético, sua difusão e, como contrapartida, assistência do *Komintern* aos partidos comunistas ou similares. 15. Geopolítica embasada na noção de guerra civil internacional entre comunismo (ou povos colonizados e explorados) e imperialismo (última etapa do capitalismo decadente).

Os elementos enumerados — que constituíram e/ou conformaram a ordenação do regime soviético, regido pelo Partido/Estado —, não obstante a distensão ("degelo"), promovida a partir de 1953 (momento da morte do líder supremo da autocracia stalinista), foram mantidos quase que intactos em seus fundamentos constitutivos até seu fenecimento, expurgando-os, apenas, de seus componentes atrozes, incíveis ou bárbaros. Partido/Estado amalgamou mudança e conservação, atualizando os elementos basilares da cultura e da práxis política, intrínsecos àquele protótipo de socialismo autoritário-burocrático e estatólatra, que não podia ter seus limites ultrapassados com a possibilidade de provocar avarias em suas estruturas.

De qualquer forma, aquelas mudanças foram derivadas do rearranjo do poder promovido no núcleo do poder estatal-partidário, logo após o féretro de Stalin (1953). Alguns foram eliminados (Beria) ou afastados (Molotov, Malenkov, Kaganovich etc.), outros ascenderam junto com Khruschov, tornado secretário-geral e principal líder do PCUS e do Estado soviético.

Simultaneamente, algumas medidas adotadas, na sequência, distenderam o despotismo do Estado/Partido soviético. As estruturas dos campos (*gulags*) foram sendo desmontadas e o número de aprisionados diminuiu de cerca 5 milhões em 1953 para menos de 1 milhão em 1959 e a quantidade de "contrarrevolucionários" caiu de quase 600 mil para 11 mil (LEWIN, 2007, p. 198). As perseguições, deportações e prisões políticas arbitrárias foram, praticamente, suspensas ou diminuíram sensivelmente.

Em 1956, no XX Congresso do PCUS, N. Khruschev tornou público o célebre "Relatório Secreto" com denúncias "às violações da legalidade socialista", aos "crimes do stalinismo", à "degenerescência burocrática" e às consequências do "culto à personalidade de Stalin" (KHRUSCHEV, 2022, p. 50-112). Embora com muitos senões e escusas, expôs o caráter "brutal — apesar das mistificações que deliberadamente continha — da natureza profunda do sistema" (CLAUDIN, 1986, v. 2, p. 642).

Ou seja, as críticas limitaram-se a aspectos aparentes, salvaguardando os elementos fundamentais do socialismo soviético e a essência mesma do regime — todas as responsabilidades pelas mazelas foram atribuídas ao "grande líder", eximindo a direção do Estado soviético e do PCUS pelo tipo de socialismo que vinha sendo edificado pela autocracia stalinista. As vicissitudes e/ou disfunções teriam começado após a morte de Lenin, momento no qual teve início a interrupção do período heroico da revolução e, portanto, de abdicação dos propósitos originais.

Ainda que parciais, as críticas e medidas promovidas pelo governo permitiram a abertura de uma fase de certa distensão sociopolítica e das relações Estado e sociedade. Denominada de "degelo", arrefeceu atitudes repressivas e persecutórias aos divergentes e aos considerados "inimigos do povo", à "propaganda antissoviética" e à "difamação do Estado e do Partido".

Exemplar da distensão, naqueles anos, foi um determinado consentimento no campo da cultura, como foi o caso da literatura. Obras antes inconcebíveis de serem admitidas começaram a ser publicadas. Por exemplo: **O degelo**, de Ilya Ehrenburg (1954); **Nem só de pão vive o homem**, de Vladimir Dudintsev (1956); **Um dia na vida de Ivan Denissovitch**, de Alexander Soljenitsin (1962). Todavia, o "degelo", promovido por Khruschov, tinha seus limites. Emblemática dessas delimitações, foi a censura ao romance **Doutor Jivago**, de Boris Pasternak, publicado na Europa em 1958 e agraciado com o Prêmio Nobel — o motivo da censura deveu-se ao fato de o autor, por meio da ficção, ter atravessado os limites da linha vermelha; perseguido e compelido a fazer uma impiedosa autocrítica, foi expulso da União dos Escritores e obrigado a recusar a premiação do Nobel; segregado, faleceu algum tempo depois.

O caso Pasternak deveria servir de lição aos demais artistas, intelectuais, cientistas e outros que, eventualmente, viessem objetar os fundamentos do socialismo soviético. De outro modo, desde o início da década de 1960, os "dissidentes" passaram a ser diagnosticados como portadores de patologias, necessitando de tratamento preventivo e procedimentos profiláticos — não seriam mais enviados para os campos, mas para clínicas psiquiátricas; de 1967 a 1974, cerca de 120 mil foram acusados de algum desvio e submetidos a procedimentos terapêuticos (LEWIN, 2007, p. 239-241).

Pari passu e contíguo àquelas mudanças, nas décadas de 1950/60, a URSS experimentou transformações extraordinárias em todas as esferas — socioeconômicas, políticas e culturais —, tornando-se uma grande potência econômica e militar.

A produção agrícola teve aumento substancial, com a mecanização e incorporação de novas áreas de cultivo. Igualmente, a industrialização foi intensificada, em particular a indústria pesada e/ou de bens de produção e a bélica (armas, equipamentos, aviação, naval, quartéis etc.) — a indústria de bens de consumo duráveis e não duráveis, apesar de ter tido crescimento extensivo, manteve-se restringida pelo fato de continuar utilizando meios de produção obsoletos, produzindo mercadorias, em proporção excessiva, de baixa qualidade.

Entrelaçada ao mesmo processo, a organização das condições sociais ganhou novas dimensões. Houve, nesse período, melhora considerável das condições de existência, tanto nas cidades como no campo. Um ousado programa de construção massiva de conjuntos habitacionais coletivos foi construído, permitindo "que mais de 100 milhões de pessoas se mudassem para novos apartamentos entre 1956 e 1965" (FITZPATRICK, 2023, p. 143).

O sistema de bem-estar social, por sua vez, teve um significativo aperfeiçoamento e expansão — as relações de trabalho foram aprimoradas incorporando novos direitos, como, por exemplo, as aposentadorias e pensões (velhice, invalidez) que foram ampliadas. Os serviços de saúde, igualmente, tiveram suas atividades amplificadas — os índices de mortalidade em geral e o infantil em particular despencaram (NOVE, 1963).

Ademais, o Estado promoveu um célere fomento à educação em todos os níveis — a educação primária, que já havia sido universalizada na década de 1930, ganhou novo incremento nos anos 1950/60; o ensino médio e o técnico ganharam dinamismo extraordinário: "passou de 1,8 milhão de alunos em 1950 para 12,5 milhões em 1965"; no superior, igualmente, o número de "estudantes aumentou de 1,25 milhão para 3,86 milhões no mesmo período" (LEWIN, 2007, p. 265).

Já a partir de meados da década de 1960, o socialismo estatal soviético adentrou um processo de esgotamento irreversível. A fadiga do modelo de planejamento ultracentralizado e de desenvolvimento extensivo — centrado na indústria de bens de produção, no complexo industrial-militar e na exploração de recursos naturais, como petróleo, gás, minérios e outros —, associada à baixa produtividade da indústria, da agricultura (produção em larga escala, mas com técnicas e insumos antiquados) e da ineficiência do setor de serviços, levou-o a um estado de inércia.

Acrescidos a esses distúrbios e/ou obstáculos, os volumosos e crescentes gastos com o complexo industrial-militar e com recursos humanos nas Forças Armadas (por volta de cinco milhões de oficiais e soldados), além da ajuda para abastecer com armas e equipamentos países-satélite ou de áreas de influência. Apesar da defesa enfática do fim da bipolaridade imposta pela Guerra Fria, do incentivo às campanhas pela paz mundial, de apregoar a política de *détente*, o Estado soviético e o PCUS estavam imbuídos da crença de que era possível derrotar o imperialismo (personificado nos Estados Unidos) e ultrapassar o capitalismo por meio da superioridade militar soviética — daí a dissimulada conveniência de sua *realpolitik* com a corrida armamentista.

Por outro lado, uma das formas ocultas "da economia planejada soviética era que seu funcionamento dependia de um mercado clandestino" (FITZPATRICK, 2023, p. 162) — a economia paralela envolvia comércio e serviços, produção e distribuição de insumos e produtos no mercado negro, operados — inclusive e com frequência — por grupos mafiosos compostos por militantes e dirigentes do PCUS, funcionários e gerentes do Estado.

Na verdade, o mercado clandestino funcionava e era condicionado pela forma como estava estruturado o poder estatal e partidário. O censo de 1970 registrou que o aparato administrativo possuía cerca de 14 milhões de "funcionários ou 15% da população ativa" — os gestores e/

ou dirigentes do alto e médio escalão, ao redor de 2 milhões, constituíam o suporte do regime, "formando um único complexo de poder". Logo, o poder que possuíam facultava o usufruto de privilégios e "tolerância a um certo grau de corrupção": desde carros, moradias mais confortáveis, dachas, empregados, até acesso a clínicas de saúde diferenciadas, lojas especiais, bebidas e alimentos inacessíveis aos pobres mortais (LEWIN, 2007, p. 420-423). O resultado disso foi a constituição de um estamento dominante e uma hierarquia cada vez mais rígida de poder e de condições socioeconômicas. Criara-se, assim, "uma combinação de incompetência e corrupção", revelando que "a URSS operava basicamente por um sistema de patronato, nepotismo e suborno" (HOBSBAWM, 1995, p. 458).

A dinâmica daquela estruturação socioeconômica do poder gerou uma situação, no mínimo, inusitada. As normas que regulavam as relações sociais, lato sensu, foram sendo esgarçadas. As relações de trabalho, mais especificamente, tornaram-se inexequíveis — a baixa produtividade, associada à abstinência, à apatia, ao descontentamento difuso derivado, sobretudo, da estratificação e bloqueio à mobilidade social, provocaram a instauração de um contexto de anomia, de indiferença, ou de indignação — uma anedota popular muito difundida dizia: "Você (Estado) finge que nos paga e nós fingimos que trabalhamos".

O imenso arcabouço partidário-estatal soviético, somado à sua geopolítica internacional, exigia volumes cada vez maiores de valores. Sua demanda só pôde ser atendida pela crescente exportação de recursos naturais. Uma das maiores produtoras e exportadoras de petróleo do mundo, a URSS na década de 1970 foi beneficiada com o *boom* petrolífero e pelo aumento exponencial de seu valor no mercado mundial. Suas receitas foram amplificadas num curto espaço de tempo. O excepcional volume de recursos arrecadados com as exportações de petróleo serviu para protelar "a necessidade de reforma econômica" (HOBSBAWM, 1995, p. 459). Ou seja, a crise do regime foi procrastinada e ocultada — suas consequências e seus custos, entretanto, iriam sobrevir nos anos 1980, de modo incontrolável ou mesmo irrefreável, desencadeando uma comoção que viria a ser fatal para o socialismo soviético.

MARXISMO(S), DETERMINISMO E DOUTRINARISMO

O conceito de marxismo foi elaborado, no último quartel do século XIX, visando consubstanciar ou converter em doutrina secular a teoria social (economia política, método dialético materialista, paradigma de revolução socialista etc.), formulações de K. Marx e F. Engels. Criação atribuída a K. Kautsky — reconhecido, junto com E. Bernstein, herdeiro daqueles dois intelectuais alemães —, na passagem do século XIX para o XX e nas décadas seguintes, foi convertida em: filosofia da história, filosofia da práxis, concepção de mundo, doutrina científica, chave para a consciência de classe do proletariado, guia da revolução socialista, cânone de dogmas e/ou princípios de fé.

Teoria social concebida a partir, sobretudo, da herança iluminista e hegeliana, do jacobinismo francês, da economia política inglesa, do socialismo da primeira metade do século XIX, quando metamorfoseada em marxismo, foi, pouco a pouco, impregnada pelas correntes teóricas em voga à época: positivismo, evolucionismo, naturalismo, determinismo, fatalismo, monismo, sociologismo e outras — casos exemplares foram os marxismos oficiais da II Internacional Socialista (1889-1914) e da Internacional Comunista (1919-1943). Com o tempo, o marxismo desdobrou-se em inúmeras vertentes: ortodoxas e heterodoxas, materialistas e idealistas, historicistas e estruturalistas, ecléticas e escolásticas, existencialistas e ontológicas, talmúdicas e cristãs, revisionistas e fundamentalistas, vulgar e inovadoras e outras modalidades teórico-filosóficas e político-ideológicas.

Observe-se que elementos e teses que embasaram algumas dessas modalidades de marxismo — desde seu engendramento no fim do século XIX e, incessantemente, fracionada ao longo do século XX — encontravam-se presentes em textos e/ou formulações de K. Marx e F. Engels, sobretudo no **Manifesto do partido comunista** (1848); no *Prefácio* da **Contribuição** à **crítica da economia política** (1859), no **A guerra civil na França** (1871) e na **Crítica ao Programa de Gotha,** de Marx; no **Do**

socialismo utópico ao socialismo científico (1880) e **Ludwig Feuerbach e o fim da filosofia clássica alemã** (1886), de Engels. Evidentemente outros foram sendo, sucessivamente, incorporados, alguns inclusive publicados postumamente.

Uma amostra do legado de Marx e Engels, sobre o qual foi concebido o marxismo, pode ser localizada, por exemplo, em escritos e/ou excertos de obras que possibilitaram ilações de diversos tipos:

1. A da determinação da infraestrutura (base econômica) sobre a superestrutura (esferas política, ideológica, jurídica, cultural etc.) — derivada da formulação de Marx que asseverava que seria "o modo de produção da vida material que condiciona o desenvolvimento da vida social, política e intelectual em geral" (MARX, 1974a, p. 28); Engels, posteriormente, afirmou que, embora as condições econômicas sejam a base, os elementos da superestrutura "exercem igualmente sua ação sobre o curso da história e, em muitos casos, determinam de maneira preponderante sua *forma*"; desse modo, tanto o movimento econômico quanto o poder político "goza também de um movimento próprio" (MARX, 1977, p. 34, 37).

2. A da compreensão da história humana como um movimento evolutivo, tal qual Darwin havia explicado a evolução da natureza — "a história realiza-se como se fosse um processo natural e está sujeito, também ele, essencialmente às mesmas leis da história" (ENGELS, 1977a, p. 35). Complementou-a ao estatuir três leis da dialética — conversão da quantidade em qualidade, unidade e antagonismo dos contrários, negação da negação —, que, codificadas, explicariam o movimento da história natural e as muitas formas de produção e reprodução das condições de existência dos seres sociais; além de indicar a cientificidade da teoria social de Marx.

3. A de que o movimento progressivo da história compreenderia uma sequência de modos de produção (comunidade primitiva, escravista, feudal, capitalista, socialista) — o capitalista engendrava contradições sociais que, por sua vez, permitiriam a criação de condições para sua superação e com ele estaria encerrada "a pré-história da sociedade humana" (MARX, 1974a, p. 29).

4. A concepção teleológica do socialismo como necessidade histórica inexorável, agregada à noção de socialismo científico como "expressão teórica do movimento proletário" (ENGELS, 1975, p. 60) — a instauração do socialismo ocorreria por meio de uma revolução proletária, realizada através de ação disruptiva ou, como admitido posteriormente, dentro dos marcos legais; o socialismo projetado como etapa transitória (regida pela ditadura do proletariado) para o comunismo.

Evidentemente, os itens enumerados não esgotam por inteiro as formulações de Marx e Engels que serviram como substrato para o estabelecimento e embasamento do marxismo como doutrina político-ideológica do movimento socialista na passagem do século XIX para o XX, mais à frente do socialismo de extração bolchevique e do *Komintern*.

Naqueles anos, 1889-1914 mais especificamente, alguns intelectuais vinculados ao movimento socialista e/ou aos partidos social-democratas dedicaram-se a sistematizar as formulações de Marx e Engels numa doutrina político-ideológica e, igualmente, numa concepção de mundo. Muitos ensaios foram publicados na forma de livros, opúsculos e artigos — boa parte deles, não por acaso, tinha no título a concepção materialista da história. Entre os intelectuais/autores significativos estavam K. Kautsky, G. Plekhanov, F. Mehring, A. Labriola, Otto Bauer, E. Bernstein e outros.

Por outro lado, os partidos social-democratas ou socialistas, com seus aparatos (editoras, livrarias, jornais e revistas, sindicatos etc.), o alemão sobretudo, passaram a fazer difusão massiva de textos de Marx e Engels (**Manifesto do partido comunista, Do socialismo utópico ao socialismo científico**, especialmente), além de textos de divulgação de Kautsky, Plekhanov, Mehring, Labriola, A. Bebel, P. Lafargue, J. Guesde, J. Jaurès, V. I. Lenin, J. Martov, F. Turati, M. Beer e outros. Doutrina oficial, o marxismo tornou-se, nas décadas seguintes, uma influente e poderosa ideia-força.

Kautsky, o mais influente teórico do marxismo e seu fundador, foi, de fato, tributário de teorias e ideologias — muitos influentes naquele período da história europeia — "saturadas de cientificismo, dominadas pelo materialismo monista e pelas ideias de progresso e de evolução derivadas das ciências naturais" (HAUPT, 1980, p. 370).

Impregnado por aquelas concepções evolucionistas, Kautsky e outros teóricos do marxismo da II Internacional Socialista tinham em comum algumas premissas básicas: o curso da história e as relações sociais em sentido lato seriam explicados pela ciência (doutrina) marxista, partindo do fundamento segundo o qual todos os vínculos ou liames estabelecidos na sociedade, em sua totalidade, seriam condicionados pelas relações sociais e estas, por sua vez, determinadas pelo estado das forças produtivas (PLEKHANOV, 1974, p. 33).

Desse modo, a passagem ao socialismo dependeria do estágio de desenvolvimento das forças produtivas e das relações de produção. Nesse sentido o agente condutor que engendraria as condições necessárias para o trânsito ao socialismo deveria ser a forma partido — este, munido da doutrina científica do proletariado (marxismo), seria capaz de converter a consciência sindical/corporativa em consciência socialista ou, ainda, "para transformar a consciência teórica em ação revolucionária" (SALVADORI, 1982, p. 313). Essa fórmula de Kautsky, apropriada por Lenin, viria a ser um dos fundamentos basilares do partido de novo tipo, o Partido Bolchevique. Ademais, nesse paradigma e/ou compreensão, o "partido se configuraria como uma Igreja laica, na qual a necessidade histórica, ou seja, a garantia oferecida pelas leis da evolução, desempenharia a função que a graça divina tinha na teologia calvinista" (SALVADORI, 1982, p. 313-314).

Não obstante sua ampla difusão e ter sido tornado preponderante nos partidos social-democratas ou socialistas, aquele tipo de marxismo não foi unânime e/ou exclusivo na II Internacional. Antonio Labriola — pioneiro do marxismo na Itália —, por exemplo, em seus **Ensaios sobre a concepção materialista da história** (1896), apresentou uma versão crítica (não militante) ao positivismo e ao evolucionismo — de extração hegeliana expôs uma interpretação do marxismo como filosofia da práxis e não como doutrina.

Outra vertente notável — com influências, de um lado do neokantismo e, de outro de um certo positivismo — despontou em Viena, no período que antecedeu a I Guerra Mundial, denominada austromarxismo. Composta por intelectuais ligados ao Partido Social-Democrata Austríaco e reunidos em torno da revista teórica *A Luta* (1907), esses pensadores deram contribuições inovadoras para o marxismo da Internacional Socialista. Exemplares foram os casos de Otto Bauer e Karl Renner em seus estudos sobre as nacionalidades e Rudolf Hilferding, que elaborou obra clássica da economia política marxista, **O capital financeiro** (1910), detectando o fato de o capitalismo (organizado) ter entrado em uma nova fase, a monopolista e/ou imperialista — esta obra se tornaria referência primordial para os estudos das transformações que vinham se processando naquelas circunstâncias históricas, como, por exemplo, os de R. de Luxemburgo, N. Bukharin, V. I. Lenin e outros posteriores.

O contraponto frontal ao marxismo, preponderante no movimento socialista europeu, partiu de um teórico conceituado — discípulo de Engels — da social-democracia alemã, Eduard Bernstein. Em 1899 reuniu em livro (**As premissas e as tarefas do socialismo e da social-democracia**) uma série de artigos que havia publicado na revista *Neue Zeit (Novos Tempos)* entre 1896 e 1898, nos quais propunha a revisão das teses de Marx e Engels sobre o capitalismo e também do marxismo consagrado na Internacional Socialista — colocava em questão a previsão do colapso do capitalismo e da inevitabilidade do socialismo; afirmava que o capitalismo vinha criando novos mecanismos de controle de suas assimetrias e crises; asseverava que o único caminho possível para o socialismo seria por meio de reformas e pelo aprimoramento da democracia, que seria, por conseguinte, meio e fim; punha-se assim contra a estratégia de assalto ao poder estatal e à ditadura do proletariado. Taxado de revisionista — termo considerado maldito — por ousar questionar os cânones do marxismo ratificado ou oficializado, foi esconjurado.

As dissensões no seio da social-democracia alemã em particular e do movimento socialista em geral envolveram outras tendências contrapostas ao marxismo autenticado de Kautsky e Plekhanov, ao revisionismo de Bernstein, ao austromarxismo e, de outro modo, às concepções bolcheviques (Lenin, Bukharin, Trotsky, Stalin etc.). Uma delas, deveras significativa, foi expressa na figura da intelectual militante Rosa de Luxemburgo — partidária da intervenção espontânea dos trabalhadores, entendia a greve de massas como a estratégia mais adequada para desencadear a revolução proletária. Ou seja, adepta perseverante "de uma democracia de base, que se desenvolvesse através da greve de massa e que tivesse nos conselhos dos operários e soldados o fundamento essencial de sua forma político-organizativa" (NEGT, 1984, p. 15). Nesse sentido suas formulações aproximavam-se do modelo da Comuna de Paris (1871), além de ter similaridades com uma espécie de marxismo eclético — de G. Sorel (sindicalismo revolucionário) a A. Pannekoek (conselhos operários revolucionários) e, até mesmo, com o método da ação direta dos libertários; igualmente opôs-se, de modo coerente, ao socialismo de Estado.

Na Rússia, além do marxismo determinista ou mesmo escolástico de Plekhanov, emergiu, nas primeiras décadas do século XX, um tipo de marxismo de natureza peculiar, caracteristicamente político. Potencializado pelas circunstâncias históricas, viria a se tornar ideia-força, inclusive ideologia e política de Estado. Dentre seus vários representantes, podemos destacar alguns agentes extraordinários ou que ganhariam proeminência: Lenin, Trotsky, Bukharin, Stalin.

Lenin e Trotsky, guardadas as devidas discrepâncias teórico-políticas, tinham em comum concepções que remontavam a determinadas formulações de Marx e Engels — pleiteavam o resgate da autêntica teoria da revolução proletária e do socialismo e sua adaptação à específica realidade histórica da Rússia czarista e, a seguir, ao poder soviético pós-1917. A propósito, incorporaram, cada um a seu modo, elementos basilares do jacobinismo francês e do blanquismo.

Trotsky, em suas análises — **Balanço e perspectiva** (1905), **A Revolução de 1905** (1909), **A revolução permanente** (1930), **História da Revolução Russa** (1933) e outras — e intervenções políticas, retomou as teses de Marx e Engels dos anos 1848/50 (revolução disruptiva e/ou súbita e permanente, acompanhada da instauração da ditadura do proletariado) em particular e, de outro modo, da teoria do desenvolvimento desigual e combinado. Ademais, combateu de maneira extrema o reformismo da II Internacional, bem como o marxismo determinista e evolucionista. Teve papel ativo como um dos principais dirigentes da tomada do poder pelos bolcheviques em 1917 e a consolidação do poder soviético. Posteriormente foi expulso do Partido Comunista e da União Soviética (1929) — nos anos 1930 tornou-se crítico ferrenho da burocratização do Estado soviético e da autocracia stalinista. Tornado, pelo *Komintern*, um renegado temerário, foi assassinado em 1940 em seu exílio no México.

Lenin — líder máximo do Partido Bolchevique e do Estado soviético e o mais notório teórico do marxismo político soviético e da III IC — produziu uma extensa obra: **Que fazer?** (1902); **Imperialismo, fase superior do capitalismo** (1916); **Estado e revolução** (1917) etc. Nelas abordou questões variadas e cruciais presentes no movimento socialista à época: a implantação do capitalismo na Rússia, a teoria do partido de novo tipo, a estratégia revolucionária, o Estado e sua função na implantação do socialismo por meio da ditadura do proletariado, o imperialismo como uma nova fase do capitalismo e diversas outras.

Na primeira, estabeleceu os fundamentos do partido revolucionário — retomando os princípios elaborados por Kautsky —, composto por quadros e regido pelo centralismo democrático, vanguarda do proletariado, detentor da consciência de classe e portador da teoria socialista. No segundo — tendo como ponto de partida as interpretações de Hilferding e Bukharin sobre o capital financeiro e monopolista — intentou atualizar, de forma breve e por meio de uma determinada concepção político-ideológica, a compreensão do capitalismo elaborada por Marx, apontando que ele havia ingresso numa nova fase, a imperialista; as teses nele apresentadas fundamentariam a estratégia política do *Komintern* para os países e/ou regiões da periferia do capitalismo, em especial para a Ásia. No terceiro expôs, de modo sistemático, sua noção do Estado capitalista como instrumento do domínio de classe da burguesia e da necessidade de conquistá-lo pela força das armas e promover a supressão de seus aparatos de coerção e opressão, substituindo-o pela ditadura democrática do proletariado.

Por outro lado, e a seu juízo, a realidade sociopolítica comportaria uma unidade antinômica ou até mesmo binária dos fenômenos, como, por exemplo: idealismo x materialismo, burguesia x proletariado, reforma x revolução, democracia burguesa x democracia proletária, cultura reacionária x cultura progressista. Essa compreensão teve implicações de monta e/ou capitais na cultura política do movimento comunista por décadas.

Bukharin, um dos principais teóricos do marxismo da III Internacional e uma das mais proeminentes lideranças do Partido Bolchevique (Comunista) nas décadas de 1910/30 — em 1938 foi condenado e executado nos "processos de Moscou" —, publicou, em 1921, **O tratado de materialismo histórico: ensaio popular de sociologia marxista**; que viria a ter ampla repercussão no Movimento Comunista Internacional nos anos 1920/30, como um manual dos princípios do marxismo.

O **Ensaio popular**, como ficou conhecido, visava estabelecer e/ou sistematizar uma sociologia marxista, uma "política científica da classe operária", de modo que o proletariado possa ter "sua própria sociologia, conhecida pelo nome de materialismo histórico". Sua função primeira seria a de revelar a regularidade "das leis que regem os fenômenos, tanto da natureza como da sociedade". E como resultante — do "conhecimento das leis da evolução social" — engendrar as condições objetivas para a implantação do socialismo. Portanto, sendo uma necessidade histórica, o desenvolvimento da sociedade levaria "infalivelmente ao socialismo" (BUKHARIN, 1970, p. 10, 14, 18, 49).

Dois anos depois (1923) da publicação do **Ensaio popular** — como foi popularizado —, Bukharin seria objeto de dura crítica de G. Lukács (1989, p. 41-51) por seu cientificismo sociológico e por seu determinismo histórico.

Todavia, o parecer mais rigoroso e relevante viria a ser feito por A. Gramsci em suas notas de 1933/34 nos **Cadernos do cárcere**. Sua crítica foi dirigida, principalmente, às concepções positivistas e evolucionistas, ao materialismo intuitivo, metafísico e trivial. Para ele "o marxismo não pode acolher passivamente os conceitos da lei e previsão das ciências naturais" (VACCA, 2016, p. 243). Afirma que, para Bukharin, "a lei da casualidade, a pesquisa da regularidade, da normalidade, da uniformidade, substituem a dialética histórica" — por conseguinte, "a teoria da história e da política entendidas como sociologia", de forma "a ser construída segundo o método das ciências naturais", implicando num materialismo metafísico mecânico vulgar" (GRAMSCI, 2000, v. 1, p. 121, 143, 150). Ademais, para Gramsci, o marxismo não pode ser, simplesmente, cingido a uma sociologia positivista — ele deveria ser, sim, "inseparável da ação do sujeito coletivo", isto é, "parte da ação política" (VACCA, 2016, p. 243).

Não obstante as críticas, das quais as análises de Lukács e Gramsci são exemplares, o construto político-ideológico de Bukharin, de uma sociologia marxista, viria a ser disseminado como uma doutrina do proletariado revolucionário — seria incorporado, inclusive e de modo sorrateiro, aos princípios do marxismo-leninismo soviético, oficializado pela autocracia stalinista.

Logo a seguir, em 1924, Stalin produziu um texto denominado **Sobre os fundamentos do leninismo** e, em 1926, um outro intitulado **Questões do leninismo**. Neles estabeleceu que o leninismo seria o marxismo na etapa imperialista do capitalismo e da revolução proletária — dessa tese derivou a noção de marxismo-leninismo.

O marxismo-leninismo viria a ser sacramentado e/ou sacralizado, de fato, com a publicação, em 1938, da **História do Partido Comunista da União Soviética**, contendo um capítulo qualificado de *Materialismo dialético e materialismo histórico*. Nele, Stalin procurou expor, de forma lacônica, o que deveria ser o marxismo-leninismo — uma doutrina sincrética, mesclando contribuições de Marx e de Engels em especial, Kautsky, Plekhanov, Lenin, Bukharin e outros, omitindo obviamente muito deles de modo furtivo.

Por meio dessa operação, foi tornado e/ou declarado legítimo herdeiro de Marx, Engels e Lenin. Mais tarde, nos anos 1960/70, o mesmo procedimento seria realizado, convertendo Mao Tsé-Tung no verdadeiro e único sucessor de Stalin e, evidentemente, de Marx, Engels e Lenin.

Logo após o XX Congresso do PCUS, no qual Stalin foi condenado, o *Editorial* do **Diário do Povo** (05/04/1956), do Partido Comunista Chinês, atestava que, depois do falecimento de Lenin, "Stalin, como principal líder do Partido e do Estado, aplicou e desenvolveu de forma criadora o marxismo-leninismo", provando "ser um notável paladino do marxismo-leninismo" (TOGLIATTI *et al*., 1956, p. 15). De outro modo, o artigo 2.º da Constituição chinesa de 1978 instituiu o princípio segundo o qual: "A ideologia norteadora da República Popular da China é o marxismo-leninismo-pensamento de Mao-Zedong" (CONSTITUIÇÃO CHINESA *apud* BROWN, 2011, p. 137).

No arranjo esquemático de Stalin, o materialismo dialético foi definido como uma ciência genérica em sentido lato, extensiva tanto às explicações dos fenômenos naturais quanto à evolução social. Já o materialismo histórico — embasado pelo dialético ou, mais especificamente, pelo conhecimento de suas leis — capacitaria dirigentes e/ou líderes comunistas a interpretarem, corretamente, o processo histórico para poderem operar transformações socioeconômicas e políticas. De formas que:

> [...] a ciência da história da sociedade, apesar de toda a complexidade dos fenômenos da vida social, pode tornar-se uma ciência tão exata como, por exemplo, a biologia, e capaz de fazer servir as leis do desenvolvimento social às implicações práticas [...] o partido do proletariado, na sua atividade prática, não deve inspirar-se em qualquer motivo fortuito, mas nas leis do desenvolvimento social e nas conclusões práticas que resultem destas leis [...] o socialismo, que outrora era o sonho de um futuro melhor para a humanidade, tornou-se uma ciência [...] a ligação entre ciência e atividade prática, entre a teoria e a prática, a sua unidade, deve tornar-se a estrela condutora do proletariado. (STALIN, 1979, p. 28).

Demais disso, redundou numa compreensão evolutiva da história, determinista ou condicionada pela produção da vida material da sociedade. As transformações geradas pelo desenvolvimento das forças produtivas e das relações de produção resultariam numa sequência de modos de produção, cujo último estágio seria o comunismo, etapa final da história humana — uma teleologia preestabelecida pelo destino. Desse modo, a história teria experimentado "cinco tipos fundamentais" de modos de produção: a comuna primitiva, o escravismo, o feudalismo, o capitalismo e o socialismo (STALIN, 1979, p. 43).

Foi estabelecida, daquela forma e com aqueles elementos, uma doutrina, composta por um cânone de dogmas de fé universal, legitimadora do regime soviético e empregada pelo movimento comunista internacional como instrumental político-ideológico. Mao Tsé-Tung, por exemplo, afirmava, peremptoriamente, que o "Partido Comunista Chinês cumpre fielmente princípios marxistas leninistas" (MAO TSÉ-TUNG apud MILLS, 1968, p. 401). De outro modo, o regime cubano adotou em sua Constituição de 1976, no artigo 5.º, a seguinte proposição: "O Partido Comunista de Cuba, vanguarda organizada marxista-leninista da classe operária, é a força dirigente superior da sociedade e do Estado" (CONSTITUIÇÃO CUBANA apud AYERBE, 2004, p. 76). Manuais de marxismo-leninismo produzidos nas escolas de formação de quadros e outros órgãos do PCUS foram publicados em muitas línguas pela editora Progresso e, largamente, utilizados pelos partidos comunistas de quase todos os países.

O marxismo-leninismo oficial soviético equivalia, sem dúvida, "a uma sociologia geral". Ele conteria "as leis gerais de toda a sociedade, as leis do vir a ser aplicados à História, contradições motrizes, mudanças qualitativas através de saltos, mudanças qualitativas graduais" (LEFEBVRE, 1968, p. 13).

Bernard Shaw, ainda que admirador do socialismo soviético e, também, de Lenin e Stalin, observou, no final da década de 1920, que o marxismo poderia ser apregoado como doutrina de "uma nova Igreja fundada sobre uma nova revelação da vontade de Deus feita por um novo profeta". Um de seus dogmas "é o de que a evolução do capitalismo para o socialismo é predestinada, implicando que nada temos a fazer a não ser nos sentar e esperar que isso ocorra" — seria a narrativa "para a salvação pela fé". Um outro dogma é o de que o socialismo teria que ser implantado por meio de "uma revolução para estabelecer a ditadura do proletariado" — esta seria a versão para a "salvação pelas obras" (SHAW apud BROWN, 2011, p. 150-151).

Contrastando com os marxismos dominantes nas segunda e terceira Internacionais, nas décadas de 1920/30, emergiram em países da Europa, em particular na Alemanha e na Itália, formulações teóricas inovadoras. Simultaneamente ao estabelecimento e oficialização do marxismo-leninismo na União Soviética, em 1923 na Alemanha, foram publicados dois livros que viriam a marcar época e se tornariam referências do marxismo filosófico não dogmático e/ou determinista.

Um deles, **Marxismo e filosofia**, de Karl Korsch, efetuou, antes de mais nada, severa e/ou intransigente crítica ao revisionismo e ao reformismo, ao evolucionismo e ao determinismo e, de outro modo, à conversão da teoria — materialismo histórico e dialético — em ideologia ou doutrina. Buscava revalorizar postulados da filosofia hegeliana, tal qual Marx, retomando a tese da práxis do ser social e do sujeito na construção da história (KORSCH, 1977, p. 90 et seq.). O livro seria, logo a seguir, incluído no *index* do *Komintern*.

O outro, mais notável ou influente — uma coletânea de ensaios que G. Lukács havia publicado nos anos, imediatamente precedentes, de 1919 a 1922 —, **História e consciência de classe**, retomou questões essenciais da filosofia política e da práxis no marxismo. Nesse sentido, elaborou categorias "de totalidade, da identidade sujeito-objeto na práxis social, do conceito de consciência de classe e do de reificação". Além disso, opôs-se à concepção de dialética da natureza, entendendo que a dialética só pode ser aplicada à história; interpretou a ideologia como falsa consciência (reificada); que não se pode compreender o materialismo como filosofia da história, "válida para todo o passado e o futuro da humanidade, mas como teoria capaz de explicar apenas as 'leis naturais' — históricas transitórias — da formação econômico-social capitalista" (SOCHOR, 1987, p. 19).

Em consonância, concebeu a tese segundo a qual no marxismo "a ortodoxia se refere antes e exclusivamente ao método" e que "a essência do método que Marx recebeu de Hegel e o transformou de forma original" é a categoria de totalidade — ou seja, "é o único método capaz de compreender e reproduzir a realidade no plano do pensamento" e, à vista disso, a totalidade concreta é "a categoria fundamental da realidade" (LUKÁCS, 2003, p. 64, 79, 105).

Por outro lado, e diversamente de Kautsky e Lenin — para os quais o partido seria possuidor da teoria revolucionária autêntica da consciência de classe —, Lukács, inspirado em Rosa de Luxemburgo, entendeu que a consciência para si (não reificada) do proletariado deveria ser forjada na práxis (SOCHOR, 1987, p. 45). Por conseguinte, o marxismo constituía-se na consciência teórico-histórica do proletariado — como ciência social, o marxismo, permitiria ao proletariado o conhecimento do processo histórico, condição *sine qua non* da práxis revolucionária, da criação dos requisitos para a consciência de classe (conversão da classe em si à classe para si), isto é, da superação da realidade reificada e/ou coisificada.

Do mesmo modo que o texto de Korsch, o livro de Lukács foi condenado pelo *Komintern*; e o autor, compelido a não mais editá-lo; o que só viria a acontecer, devidamente autorizado por Lukács em 1967, com um longo prefácio contendo as devidas reparações — o que não impediu de ter reedições não autorizadas pelo autor.

Entrementes, naqueles anos — segunda metade da década de 1920 —, como militante e dirigente comunista na Hungria, apresentou proposta de tática frentista, entre comunistas e social-democracia, visando barrar a ascensão nazista — conhecida como Teses de Blun (1928), foi novamente recriminado pelo *Komintern* por se confrontar com a sua política de classe contra classe e considerar os social-democratas inimigos, caracterizados como social-fascistas. Nas décadas seguintes (1930/60), dedicou-se, sobretudo, às análises e/ou elaborações filosóficas e culturais, mais especificamente à literatura — tendo como referência a filosofia e a cultura clássica burguesa, procurou compatibilizá-la com o projeto de política cultural comunista.

Não obstante o anonimato a que foram submetidas pelo movimento comunista, as duas obras exerceram extraordinária influência no campo da esquerda, principalmente **História e consciência de classe** por meio de traduções e edições não autorizadas por Lukács — inspiraram e/ou animaram a formação de uma espécie de linhagem intelectual de teóricos de extração marxista, entre eles: H. Marcuse, W, Benjamin, T. Adorno, M. Horkheimer, L. Goldmann, M. Merleau-Ponty e muitos outros. A propósito, essa linhagem teórica de ascendência hegeliana tornou-se, sem dúvida, uma cepa deveras profícua e inovadora, ao longo do século XX.

Coincidentemente com a publicação daquelas duas obras, no mesmo ano de 1923, foi fundado, em Frankfurt, o Instituto de Pesquisa Social, financiado por um abastado empresário, com o objetivo de promover estudos de orientação marxista. Dirigido, inicialmente, por Carl Grünberg, vinculado à corrente austro-marxista e com conexões com o Instituto Marx e Engels de Moscou, para o qual contribuiu "enviando material de arquivo a Ryazanov para a primeira edição científica das obras de Marx e Engels" — seu volume inaugural foi publicado (Frankfurt) em parceria pelos dois institutos no ano de 1927. Um de seus primeiros estudos foi **A lei da acumulação e colapso do sistema capitalista**, de Henryk Grossmann (1927). Em 1930, passou a ser dirigido por Horkheimer, mudando sua orientação — associando seu projeto à noção de "teoria crítica" —, juntando intelectuais de variadas vertentes, como E. Fromm, F. Neumann F. Pollock, T. Adorno, L. Lowenthal, W. Benjamin (do círculo de colaboradores), T. Adorno, H. Marcuse e outros. Com a ascensão do nazismo, o instituto foi transferido para a Universidade de Columbia em Nova York, só repatriado no pós-guerra (1949), quando incorporou em seus quadros jovens intelectuais como J. Habermas. Com um tipo de "marxismo" bastante eclético (Kant, Hegel, Marx, Lukács, Weber, Freud), trabalhou, de modo inovador, uma diversidade grande de questões fundamentais do mundo contemporâneo: sociologia política, crítica da cultura, psicanálise, racionalização, reificação e muitos outros problemas.

Outro caso exemplar daquela estirpe expressou-se na figura de A. Gramsci. Intelectual e dirigente comunista italiano, elaborou — enquanto preso (1926/37) do regime fascista — uma obra (**Cadernos do cárcere**) que, nos anos 1950/80, viria a tornar-se teoria clássica da política e da democracia.

Suas anotações, expostas nos *cadernos de notas*, publicadas a partir de 1948, foram incorporadas às ciências humanas de forma geral, pela práxis e pela cultura política do Partido Comunista Italiano (PCI) e outros partidos comunistas, socialistas, além de correntes sociopolíticas cristãs, trabalhistas, grupos e movimentos de esquerda com concepções variadas. Entendendo e/ou empregando o marxismo não como doutrina, mas como filosofia da práxis, capacitou-se a reelaborar ou formular conceitos e/ou categorias (hegemonia, sociedade civil, Estado ampliado, revolução passiva, guerra de posição etc.) inovadores na teoria política.

Gramsci considerou ser necessário repensar a ação política e os modos e formas de conceber as transformações sociopolíticas e impulsioná-las. Tornara-se premente a superação dos paradigmas da Revolução de Outubro de 1917 — derivados do modelo francês de julho de 1789 (Queda da Bastilha) ou inspirados no de março de 1871 (Comuna de Paris) —, da revolução como ruptura súbita e convulsiva, como assalto ao poder (Estado) e sua instrumentalização para operar mudanças desde cima, por meio e modos ditatoriais.

Nas novas condições do desenvolvimento do capitalismo e com a ampliação do Estado, segundo Gramsci, a passagem da guerra de movimento para a guerra de posição seria a questão fundamental da teoria política no pós-Primeira Guerra Mundial. Sendo que "o objeto da guerra de posição é a obtenção da hegemonia política antes da chegada ao poder;

seu teatro é a sociedade civil, e o epicentro, a luta política nacional". Assim, o "horizonte dos *Cadernos* não é mais a hegemonia do proletariado, mas a teoria da política como luta pela hegemonia, que pressupõe uma revisão geral do marxismo em termos de filosofia da práxis". Nesse sentido, revolução passiva, guerra de posição, hegemonia, Estado ampliado não podem ser dissociados — "o conceito de guerra de posição conjuga-se com o de revolução passiva e, juntos, articulam o dispositivo analítico da *teoria da hegemonia*" (VACCA, 2012, p. 213, 89, 207).

Por conseguinte, as asserções gramscianas superariam o velho paradigma da revolução permanente e a fórmula terceiro-internacionalista e lançariam os fundamentos da política dos comunistas italianos no pós-guerra (1945), sob o comando de P. Togliatti e E. Berlinguer. Segundo elas, "a luta política é a luta pela hegemonia" e o âmbito "no qual esta pode se explicitar como luta pela hegemonia é o terreno de um Estado democrático que não antecipa finalisticamente o advento da ditadura do proletariado" (VACCA, 2012, p. 207).

Nas décadas subsequentes à Segunda Grande Guerra (1945), abriu-se um amplo leque de concepções marxistas — proliferaram novas vertentes, caracterizando mesmo a existência de uma pluralidade de tendências, que poderiam ser definidas como marxismos.

De fato, tirante o marxismo de extração soviética — preponderante na África e na Ásia, em sua versão maoísta (excetuando o caso japonês) e suas flexões —, na Europa, nos Estados Unidos e na América Latina, afloraram uma profusão de marxismos, dos mais diferentes tipos e concepções. Entre as muitas questões, discutidas e analisadas, podem ser citadas, *entre outras*: pela **teoria do conhecimento**, J.-P. Sartre, L. Althusser, G. Politzer, R. Garaudy, A. Lefebvre, L. Colleti, Della Volpe, U. Cerrone, W. Mills, A. S. Vásquez, K. Kosik, L. Kofler, L. Kolakowski, T. Bottomore, A. Schaff, R. Rosdolski; pela **teoria crítica da condição humana**, M. Horkheimer, T. Adorno, H. Marcuse, J. Habermas, A. Heller, F. Fehér, I. Meszáros, Merleau-Ponty, P. Bourdieu, M. Castells; pela **crítica da cultura**, G. Lukács, L. Goldmann, F. Jameson, R. Willians, T. Eagleton, C. N. Coutinho, R. Schwarz, M. Bakhtin, N. Fraser, S. Hall, D. Harvey, M. Godelier; pela **economia política**, E. Varga, M. Dobb, P. Sraffa, P. Sweezy, P. Baran, H. Braverman, M. Morishima, A. Nove, E. Mandel, M. Kalecki, P. Boccara, C. Off, E. Altvater; pela **teoria da dependência**, F. H. Cardoso, E. Faletto, A. Gunder Frank, R. M. Marine, F. Fernandes, A. Quijano, I. Warllerstein, S. Amin,

H. Magdoff; pela **interpretação histórica**, E. Hobsbawm, E. Tompson, C. Hill, P. Anderson, C. Prado Júnior, F. Novais, J. Aricó, V. Guerratana, P. Villar, I. Deutscher, K. Takahashe, A. Soboul, A. Sérgio; pelas **relações Estado, sociedade civil e política**, P. Togliatti, E. Berlinguer, P. Ingrao, F. Claudin, N. Poulantzas, R. Bahro, G. Theborn, F. Fanon, R. Debray, A. Gorz, Ch. Bettenhein, R. Miliband, R. Medevedv, O. Ianni, F. Weffort, E. Laclau, P. G. Casanova.

É inegável e/ou incontestável que, além dessas temáticas e questões genéricas, poderiam ser enumerados muitos outros problemas histórico-políticos que ensejaram reflexões e foram objeto de investigações ou mesmo de proposições teóricas de intelectuais marxistas — supracitados ou não — e, em alguns casos, de protagonismo sociopolítico.

Por outro lado, importa assinalar que os múltiplos arquétipos de marxismo(s), de fato, seguiram uma tendência, progressiva e majoritariamente, inorgânica ou com parca vinculação com a práxis política de organizações do tipo partidos comunistas e socialistas ou congêneres e, mesmo, com movimentos e instituições da sociedade civil. Excetuando lideranças ou dirigentes extraordinários, no geral, os marxismos foram representados por intelectuais *outsiders*, em grande medida, provenientes do ambiente acadêmico. "A primeira e mais fundamental de suas características foi o divórcio estrutural deste marxismo da prática política". À vista disso, "a unidade orgânica entre teoria e prática realizada pelos teóricos da geração clássica de marxistas" foi paulatinamente ou incessantemente descosida ou anulada (ANDERSON, 1989, p. 48).

6

IMPERIALISMO E PROJETOS NACIONAL-ESTATISTAS

Derrotado na Europa (Alemanha, Hungria, Itália), no breve intervalo de 1919/23 — as expectativas de estender a revolução bolchevique para além das fronteiras da Rússia soviética ou, mesmo, de internacionalizá-la —, o projeto político do *Komintern* foi deslocado para a Ásia, para a China em particular, envolvendo uma nova estratégia revolucionária de cunho nacionalista e anti-imperialista.

Fundamentada nas análises e proposições de Lenin no opúsculo **O imperialismo, fase superior do capitalismo** (1917), a Internacional Comunista realizou um deslocamento geopolítico (Ásia e América Latina) e/ou para países de capitalismo incipiente e na condição colonial, semicolonial e dependente. O *ensaio popular*, como o denominou o autor, baseou-se, em grande medida, na obra pioneira de R. Hilferding, **O capital financeiro** (1910) — nele apontava que o capitalismo entrara numa nova fase, a do capitalismo organizado, monopolista, com a crescente concentração de capital e com a predominância do capital financeiro.

Lenin, valendo-se daquelas teses de outro modo, afirmou que o imperialismo era, de fato, uma nova e superior etapa do capitalismo — iniciada por volta de 1880, indicou que, retomando formulações anteriormente assinaladas por Hilferding, o imperialismo seria "a fase monopolista do capitalismo". Ou seja, é o capitalismo da "dominação dos monopólios e do capital financeiro", no qual adquiriu poderio determinante "a exportação de capitais", suscitou "partilha do mundo pelos trustes internacionais e terminou a partilha de toda a terra entre os países mais importantes" (LENIN, 1979b, p. 641-642).

Antes mesmo do deslocamento das expectativas revolucionárias para a Ásia e, a seguir, para a América Latina, o *Komintern* divisou no exemplo turco as possibilidades de revolução do tipo nacional e anti-imperialista — em 1921 apoiou o movimento dirigido por Kamal Atartuk, "malgrada a feroz repressão anticomunista desencadeada pelo seu regime" (PONS, 2014, p. 137).

Nesse sentido e com aquela diretriz, o *Komintern*, ao longo da década de 1920, adaptou a teoria de Lenin sobre a etapa imperialista do capitalismo para aplicá-la nos "elos fracos do capitalismo". Essa mudança de rumo — da possibilidade de desencadeamento de revoluções proletárias na Europa para as de natureza nacionalista e anti-imperialista — implicava, porém, metamorfosear o projeto de revolução socialista em revolução de libertação nacional, substituir a concepção de luta de classes pelo antagonismo entre povo-nação e imperialismo e seus aliados locais.

Já no II Congresso da Internacional Comunista, em 1920, Lenin defendeu com ênfase — inclusive contrapondo-se ao líder comunista indiano Nath Roy, que negava o protagonismo das burguesias nacionais nas revoluções nacional-libertadoras — a proposta que "conferiu à luta libertadora dos países coloniais papel de primeira ordem no processo revolucionário mundial" (CLAUDIN, 1985, p. 219).

Nos congressos seguintes da IC, aquele projeto político seria não só reiterado, mas aprimorado — no V Congresso (1924), por exemplo, foi consagrado como elemento central da estratégia do *Komintern*.

O primeiro ensaio, de fato, daquela política seria concretizado na China. Ali, por meio de uma concertação intermediada pela IC, o Partido Comunista Chinês (PCCh) aderiu à frente única de libertação nacional, expressa no *Kuomintang* — movimento nacionalista fundado por Sun Yat-sem e que depois de sua morte (1925) foi substituído por Chiang Kai-Shek —, aliado do *Komintern* e que objetivava a unificação nacional chinesa e sua libertação do domínio imperialista. Entretanto, com a crescente influência do PCCh no movimento, especialmente, em cidades e/ou áreas importantes — Cantão, Xangai, Wahn —, as relações com as forças políticas sob o comando de Chiang Kai-Shek tornaram-se tensas ou mesmo conflituosas, a ponto de, em 1926, encarcerar muitos líderes comunistas. No ano seguinte (1927), uma tentativa insurrecional, dirigida pelo PCCh, em Xangai e outras localidades foi impiedosamente reprimida; e milhares de comunistas, assassinados (SERGE, 1974, p. 1.125; SCHLESINGER, 1977; INTERNACIONAL COMUNISTA, 1977).

Em 1928 a IC, no seu VI Congresso, promoveu alterações consideráveis na sua tática e estratégia — esse fato, por sua vez, requereu a adequação das teses do *Komintern* para os países coloniais e dependentes àquelas recém-sancionadas.

Partindo do pressuposto de que, nestes países, a revolução não estava em sua etapa socialista (pois não havia condições objetivas para isso), as teses da IC alegavam que o processo revolucionário deveria ser realizado por etapas, sendo que a próxima seria a revolução democrático-burguesa, anti-imperialista e antifeudal. Ela serviria para eliminar os entraves ao desenvolvimento do capitalismo autônomo e à constituição do proletariado como classe. Os entraves fundamentais seriam constituídos pelo imperialismo e seus agentes internos (latifundiários e burguesia comercial e usurária). O imperialismo seria o principal sustentáculo do latifúndio e das relações semifeudais no campo, além de entravar o desenvolvimento das forças produtivas, de se apropriar do excedente produzido na agricultura, descapitalizar o país por meio da remessa de lucros, impedir a criação de um mercado interno e, em consequência, dificultar a expansão da indústria nacional.

Fundamentadas nesse juízo e/ou noção, aquelas teses asseveravam que o estabelecimento da ditadura do proletariado nesses países demandaria a criação de condições objetivas (desenvolvimento das forças produtivas e das relações de produção capitalistas); essa realidade condicionaria que a revolução socialista fosse realizada através de uma série de etapas preparatórias — ou seja, por um período de tempo não previsível, mas suficiente para converter a revolução nacional-democrática em revolução proletária ou socialista.

Dessa forma, seria necessário, nessa etapa da revolução, desenvolver as duas contradições básicas: entre a nação e o imperialismo e entre o desenvolvimento das forças produtivas e o monopólio da terra. Assim, a revolução estaria intimamente ligada à luta pela libertação nacional ou à luta anti-imperialista e contra as sobrevivências feudais.

Uma ampla e radical reforma agrária, além de permitir a criação de condições necessárias para a expansão do mercado interno, ensejaria a libertação dos trabalhadores rurais dos vínculos de dependência pessoal e de extração de seu sobretrabalho pela coerção extraeconômica que permeavam as relações de trabalho em extensas áreas daqueles países; o rompimento das relações de dominação política e subordinação econômica ao imperialismo facultaria o desenvolvimento do capitalismo nacional e autônomo, por meio da industrialização e urbanização, possibilitando a configuração das classes sociais fundamentais, em particular um proletariado robusto e organizado — o capitalismo de Estado seria uma condição *sine qua non* ou a antessala do socialismo.

As tarefas desta etapa da revolução teriam que ser realizadas pela aliança operário-camponesa, com apoio da burguesia nacional e a pequena burguesia — um bloco de quatro classes. A burguesia manufatureira ou industrial teria interesses nacionais e autônomos e, portanto, apoiaria o movimento nacionalista. Porém, sua postura tendia a ser ambígua: ao mesmo tempo que se opunha à dominação e à exploração imperialista, temia a participação popular na revolução — sua posição seria assim nacional-reformista. Doravante o proletariado educado e dirigido pela sua vanguarda, o Partido Comunista é que seria a força consequente.

Pouco tempo antes e com desdobramentos subsequentes, o *Komintern* procurou replicar na América Latina a estratégia nacional-libertadora e/ou anti-imperialista, experimentada na China com as modificações efetuadas no VI Congresso da IC.

Um ato inicial dessa política deu-se com a aproximação do *Komintern* com a Aliança Popular Revolucionária (Apra), fundada (1924) sob a liderança de Haya de la Torre, intelectual peruano, então exilado no México.

A Apra pretendia ter um caráter de frente única continental, propugnando a união de todas as correntes político-ideológicas antioligárquicas e anti-imperialistas. Seria uma frente única de todas as tendências e forças sociopolíticas e ideológicas revolucionárias — propunha-se a ser o *Kuomintang* latino-americano.

O movimento aprista obteve, desde logo, grande repercussão e conquistou a simpatia da esquerda em geral e dos comunistas em particular, inclusive o apoio da Internacional Comunista. A ligação dos comunistas com a Apra e Haya deveu-se a que seu "projeto político parecia uma projeção da orientação dada pela Internacional aos partidos comunistas dos países dependentes e coloniais" (ARICÓ, 1987, p. 443).

A ligação de Haya de la Torre com a IC e o grupo de marxistas peruanos esgarçou-se em 1927/28, quando o grupo dirigente da Apra no México fundou o Partido Nacional Libertador, tirando-lhe o caráter de frente ampla.

Por outro lado, em 1928, os socialistas aglutinados em torno da revista *Amalta* e liderados por J. C. Mariátegui decidiram fundar o Partido Socialista do Peru de tendência marxista e filiado à III Internacional.

Em 1929 foi realizada em Buenos Aires a I Conferência Comunista Latino-Americana. Mariátegui enviou para a conferência dois textos a serem lidos pela delegação peruana. No primeiro, *O problema das raças na América Latina*, defendia a tese de que a questão indígena estava ligada, sobretudo, à terra e não era um problema, puro e simples, de nacionalidades oprimidas, como vinha sendo colocada pela IC. O segundo texto foi ainda mais polêmico — intitulado *Ponto de vista anti-imperialista*, afirmava que a burguesia latino-americana não tinha uma postura nacionalista revolucionária e, pelo contrário, era colaboradora do imperialismo; e, além disso, a luta nacionalista não eliminava, por si só, as contradições de classe e que somente o socialismo poderia se opor à dominação e exploração imperialista (MARIÁTEGUI, 1985, p. 87-88, 90). É plausível a observação segundo a qual as formulações de Mariátegui, guardadas as devidas especificidades histórico-políticas, tenham alguma similaridade com as de N. Roy e Ho Chi Minh para a Ásia.

Suas teses seriam duramente criticadas pelos partidos comunistas latino-americanos e rechaçadas de pronto pela IC. Dentro do Peru, foram combatidas por grupos alinhados à Internacional de um lado, e pelos antigos companheiros apristas ligados à Haya, por outro.

Ainda na América Latina, a política de frente única nacional-libertadora da IC seria testada no Brasil, envolvendo a aliança entre o Partido Comunista (PCB) e militares egressos do tenentismo — movimento político-militar que se propunha a regenerar as instituições do regime republicano — sob a liderança de Luís Carlos Prestes e apoiada pelo *Komintern*.

Personagem mítico — "O cavaleiro da esperança" —, Prestes emergira do tenentismo após comandar uma coluna militar heroica, que percorreu boa parte do país combatendo as oligarquias dominantes. No final dos anos 1920 aproximou-se do PCB e, em 1931, foi enviado à União Soviética para ser qualificado como quadro do *Komintern* e, sobretudo, para preparar a revolução nacional-libertadora no Brasil com apoio logístico da IC — três anos depois (1934) foi nomeado para a direção central do PCB pelo *Komintern*.

Em 1935 regressou ao Brasil — acompanhado por quadros políticos e operacionais da IC — para comandar a recém-criada Aliança Nacional Libertadora (ANL), amplo movimento de massas antifascista e anti-imperialista. Com poucos meses de atividades políticas, foi posta na ilegalidade, acusada de "subversão da ordem política e social". O pretexto para tal medida foi o manifesto assinado por L. C. Prestes no qual afirmava que se estava marchando de modo célere para "a implantação de um governo popular revolucionário". Ou seja, propunha a derrubada do governo, através do assalto ao Estado e a "entrega de todo o poder à ANL" (SEGATTO, 2015, p. 203-204).

Ilegalizada e reduzida a quadros comunistas e militares prestistas, seu comando decidiu partir para a aventura golpista por meio de quarteladas fracassadas — nos anos posteriores, o PCB e a esquerda de modo geral foram vitimados por brutal perseguição e repressão sem limites (prisões, torturas, assassinatos etc.). Encerrava-se aí uma fase do movimento comunista internacional dirigido pelo *Komintern*, que só seria retomado, em outros moldes, no pós-guerra (1945), mais especificamente nas décadas de 1950/70.

No pós-guerra (1945) — à exceção do Leste europeu e de países do Balcãs —, o projeto revolucionário do Movimento Comunista Internacional, guiado pela URSS, foi deslocado para regiões e/ou países coloniais, semicoloniais e dependentes das metrópoles capitalistas. Nesse sentido a estratégia revolucionária passou a ser orientada, prioritariamente, para a Ásia, Oriente Médio, África e América Latina — seu desencadeamento deveria ser antecedido pela revolução nacional e popular, anti-imperialista e anticolonial. À vista disso, tornava-se necessária a montagem de uma ampla frente contra a dominação e exploração das classes dominantes nativas e estrangeiras — nesse sentido a luta anti-imperialista seria priorizada em detrimento da estratégia anticapitalista ou da revolução socialista (LICHTHEIM, 1979, p. 370).

O acontecimento de maior vulto daquela fase — anos imediatamente subsequentes ao encerramento do conflito bélico mundial — foi, sem dúvida, a conquista do poder na China pelo PCCh em 1949.

Resultante de um longo e tortuoso processo, iniciado por volta de meados da década de 1930, com a "Longa Marcha" — tornada "lenda heroica do comunismo Chinês" (DEUTSCHER, 1991, p. 251) —, conduzida pelo Exército Popular de Libertação (EPL), em regiões remotas (áreas rurais, vilarejos e/ou aldeias), nas quais foram sendo estabelecidos poderes locais.

Da luta pela expulsão das tropas de ocupação japonesas (1937/45) à luta contra o *Kuomintang* (guerra de guerrilhas, 1946/49), o EPL foi impondo o controle sobre o território e consolidando o poder do PCCh nas grandes cidades e/ou regiões: Pequim, Xangai, Nanquim, Cantão e outras.

Conquistado o poder (1949) — ainda que a revolução fosse proclamada de natureza nacional popular, anti-imperialista e anticolonial —, a "União Soviética foi assumida explicitamente como modelo, tendo sido instituída uma administração governamental centralizadora e hierárquica"

(BERNAL, 1987, p. 400). Observe-se que nesse mesmo momento, mas de modo incruento, foi instituída a República Popular da Mongólia (1949), embora já fosse satélite ou protetorado da URSS desde 1924.

Decorrente daquele padrão, nos anos 1949/60, foi realizada a coletivização da agricultura e a implantação da indústria pesada com apoio técnico e com recursos fornecidos pela URSS — essa contribuição soviética foi interrompida em 1961, decorrente do cisma chinês com o movimento comunista, guiado pelo Estado/Partido soviético.

Já em 1950/60, o governo da China havia inaugurado e/ou implementado a política denominada "Grande Salto para a Frente", envolvendo "a criação de comunas populares, visando aumentar consideravelmente "a produção de grãos e a criação de pequenas indústrias siderúrgicas artesanais ou de fundo de quintal", intentando "acelerar o ritmo de desenvolvimento" — o malogro dessa política de cunho voluntarista, somado às adversidades meteorológicas, redundou numa catástrofe econômica, com fome generalizada, resultando em milhões de mortos (ANDERSON, 2018, p. 32).

Além disso e como desdobramento daquele fenômeno, nos anos 1960, eclodiu um movimento — incentivado por uma facção e pelo líder máximo, Mao Tsé-Tung — denominado "Revolução Cultural".

Orientada para o combate ao revisionismo soviético — evidenciado no XX Congresso do PCUS (1956) — e, de outro modo, a altos dirigentes do PCCh e à burocracia estatal, acusados de adeptos da restauração khrusheviana pós-stalinista —, a URSS, julgada como social-imperialista, controlada por uma casta burocrática, "constituía o principal perigo para a revolução chinesa e mundial" (PONS, 2014, p. 448).

Embora se estendesse até meados da década de 1970 (morte de Mao), teve seu auge nos anos 1966/69. Comandada por Lin Piao, mobilizou milhões de jovens, particularmente, da juventude estudantil. Insuflada para o combate à "camarilha revisionista contrarrevolucionária" e à agitação em defesa do autêntico marxismo-leninismo, promoveu uma verdadeira "caça às bruxas" — utilizou, para tanto, métodos brutais e fúria sectária, perseguições e fuzilamentos, agressões e humilhações (ANDERSON, 2018, p. 34).

Julgaram e condenaram sumariamente todos os suspeitos de desvios político-ideológicos, de contrarrevolucionários e inimigos do povo, revisionistas e hereges. Exemplar disso foi o tratamento, incivil e obscurantista, dado a intelectuais e artistas, objetos de virulenta razia política e cultural — muitos foram enviados ao campo para serem reeducados; instrumentos como, por exemplo, máquinas de escrever, piano, livros foram execrados; a cultura clássica, censurada, qualificada como burguesa, devendo ser banida da face da terra, juntamente com seus criadores, como Shakespeare, Balzac, Beethoven, Puchkin, Tolstói e uma infinidade de outros (DEUTSCHER, 1991, p. 271-272).

Visando restaurar os princípios do marxismo-leninismo, que julgavam terem sido maculados pelo revisionismo, os líderes do movimento organizaram o **Livro Vermelho** do "Grande Timoneiro" — compilação de aforismos de Mao, "maior de todos os marxista-leninistas", que se dedicara com afinco "a proteger e desenvolver a doutrina de modo criativo e genial". O livrinho vermelho foi publicado em edições com milhões de exemplares e traduzido em diversas línguas — seus devotos o carregavam no bolso em suas pregações, desde a florestas do Camboja aos cafés chiques do Quartier Latin em Paris.

Mao Tsé-Tung, morto e sepultado (1976), foi seguido de reviravolta considerável — muitos de seus promotores e ideólogos foram presos, mortos ou proscritos. Por outro lado, antigos dirigentes foram reabilitados e reconduzidos à direção do Estado-Partido.

Um outro caso, simétrico ao chinês, foi a divisão da península coreana. Decorrente da guerra contra a ocupação nipônica e em face da disputa das forças políticas que promoveram sua liberação do domínio do Império do Japão (1945), o território da Coreia foi partilhado entre o Norte (comunista, incorporado à esfera soviética) e o Sul (capitalista e resguardado pelos Estados Unidos). Em 1950, por iniciativa do Norte — comandado por Kim Il-sung —, com o intuito de promover a reunificação sob seus ditames e com apoio da URSS e da China, acarretou a eclosão de uma guerra civil (1950/53) inclemente — foi encerrada em armistício, mantendo a divisão anterior. Integrada ao Movimento Comunista Internacional, a Coreia do Norte optou pelo protótipo soviético de socialismo.

Ainda, nesse mesmo momento, houve alguns ensaios de insurreições anti-imperialistas e anticoloniais, dirigidos pelos comunistas na Indonésia e na Malásia — ambos foram duramente reprimidos pelos colonizadores, Inglaterra e Holanda respectivamente.

Posteriormente, o Partido Comunista da Indonésia (PKI) — com cerca de dois milhões de filiados e influenciado pelo maoismo —, aliado ao governo nacionalista de Sukarno, intentou realizar assalto ao poder

(1965), incentivado pelo PCCh; seu fracasso redundou numa cruel repressão, executada por militares comandados pelo general Suharto, resultando no assassinato de 500 mil comunistas.

De outro modo, na Índia, "fracassadas as tentativas insurrecionais em fins dos anos 1940, a prática da 'via pacífica' prevaleceria" — com expressiva "influência no parlamento indiano" e na sociedade, teve relações, muitas vezes, estreitas com o regime e/ou seus governantes, como P. Nehru e I. Gandhi (PONS, 2014, p. 482-483). Fenômeno correlato, guardadas as especificidades histórico-políticas e socioeconômicas, foi o do Partido Comunista do Japão (PCJ) no pós-guerra — partido de massas, legal e com bom desempenho eleitoral nos anos 1970.

Simultâneo àquelas experiências (China, Coreia, Indonésia), o movimento insurrecional anti-imperialista e anticolonial de mais longa duração — cerca de três décadas — foi a guerra de libertação nacional na Indochina (Vietnã, Laos e Camboja). No Vietnã, teve início com a ofensiva, em 1946, da Liga pela Independência, comandada por Ho Chi Minh, contra o domínio colonial da França — com a derrota das forças francesas, em 1954, o Vietnã foi dividido entre o Norte (comunista) e o Sul (pró-capitalista). Em 1959, os vietcongues (Frente de Libertação Nacional) deram início à rebelião armada no Sul (com auxílio soviético) e sua expansão instigou a intervenção militar norte-americana de contrainsurgência, amplificando e exacerbando o conflito de modo descomunal e bárbaro — a guerra teve seu desfecho em 1975, com a derrota ultrajante da poderosa força bélica dos Estados Unidos e a unificação do Vietnã sob o regime socialista.

Esse processo envolveu, de outro modo, as duas outras ex-colônias francesas. No Laos, após décadas de lutas pela libertação, dirigida pelo Partido Comunista (Pathet Lao) e com apoio soviético, foi instalada a República Popular Democrática do Laos. No Camboja, igualmente envolvido na guerra contra a ocupação militar norte-americana, em 1975 o controle do poder e do território foi partilhado entre o Khmer Vermelho (maoísta), sob a direção de Pol Pot, e o ex-monarca N. Sihanouk. O regime de tipo comunista, sob a proteção da China, promoveu um razia de largas proporções, envolvendo a chacina de milhões de pessoas, uma verdadeira tragédia humanitária que eliminou cerca de um quinto da população — só foi interrompida, em 1978, com a intervenção vietnamita (HOBSBAWM, 1995, p. 438).

No Oriente Próximo, incluindo o Norte da África (Egito, Argélia), várias ex-colônias e/ou Estados recém-criados adotaram políticas anti-imperialistas e de alinhamento à URSS — denominadas eufemisticamente de "Estados de orientação socialista" (BROWN, 2011, p. 429) e, não raramente, assumiram feitio bizarro.

No Egito, por sua vez, oficiais militares liderados por G. Abdel Nasser tomaram o poder (1952) e implementaram uma política declarada não capitalista com amparo soviético — definido como sendo de tendência socialista, pretendia exercer a liderança nacionalista no mundo árabe. De outra forma, mas com similaridades, na Argélia — após anos seguidos de guerra civil, repleta de atrocidades cometidas pelos colonizadores franceses (1954/62) — a Frente de Libertação Nacional conquistou a independência da França, com Ben Bella na direção do novo Estado nacional, também inserido na esfera de influência da União Soviética.

Experiência inusitada, naquela região, foi a instituída no Iêmen do Sul; após duradoura guerra civil, "o partido marxista-leninista tomou o poder" em 1969, "empreendendo processo de sovietização e propondo-se o objetivo de promover política revolucionária na região", com a guarida soviética (PONS, 2014, p. 483).

Algo aproximado teve curso no Afeganistão — mais ao Oriente. Em 1978, uma facção do Partido Democrático Popular (PDPA) promoveu um golpe de Estado e solicitou, algum tempo depois, pronto apoio econômico e bélico soviético para impor o poder comunista. No ano seguinte (1979), a URSS — para enfrentar a reação dos chefes tribais e religiosos que haviam desencadeado insurreição por meio de guerrilhas, fortemente armados pelos Estados Unidos — decidiu pela intervenção, invadindo o Afeganistão com numerosa tropa e poder militar expressivo; o resultado foi a humilhante derrota do todo poderoso Exército Vermelho, após uma década (1979/88), com milhares de baixas.

O processo de descolonização no continente africano, desde os anos 1950, resultou no estabelecimento de variados Estados com propensão à causa socialista, acolhidos e auxiliados pela URSS. Em Gana, o Partido Popular, sob a liderança de K. Nkrumah, tornado primeiro-ministro em 1957, deu início à luta pelo fim do colonialismo e por uma África unida e socialista — foi, porém, apeado do poder em 1966 por um golpe militar —; no Congo (Zaire), o Movimento Nacional Congolês, liderado por Patrice Lumumba, conquistou a independência em 1960 com apoio logístico soviético — Lumumba foi golpeado e assassinado em 1961, convertido, a seguir, em herói do socialismo terceiro-mundista —; na Tanzânia, o presidente J. K. Nyerere deslocou-se para a esquerda, proclamando o Estado socialista com apoio chinês (HOSKYNS, 1974, p. 2.595); Benin foi declarado "República Popular sob o habitual líder militar" em 1975; ainda neste mesmo ano, a ilha de Madagascar declarou seu compromisso com o socialismo", depois "de um golpe militar" (HOBSBAWM, 1995, p. 437).

Na sequência desses movimentos de libertação nacional, o governo da Somália, em 1969, declarou-se pró-soviético. Em seu prolongamento (1974) a Etiópia, mediante um golpe, manifestou-se marxista-leninista — diante da reação, recebeu importante ajuda militar soviética, por intermédio de tropas cubanas e sul-iemenitas. A propósito, "a intervenção no Chifre da África constituía a consagração da URSS como grande potência com raio de ação mundial" (PONS, 2014, p. 497).

Transcurso similar, mas em circunstâncias diversas, verificou-se nos movimentos de libertação nas antigas colônias portuguesas na África: Angola, Moçambique, Guiné-Bissau e Cabo Verde. Concomitantemente e em decorrência da Revolução dos Cravos em Portugal (25 de abril de 1974) que pôs fim à longa ditadura salazarista, as colônias africanas conquistaram — após muitos anos de luta anticolonial contra o domínio português — a independência e organizaram-se em Estados autônomos.

O Partido Africano pela Independência de Guiné e Cabo Verde (PAIGC) — liderado por Amílcar Cabral — conquistou a soberania dessas colônias portuguesas em 1974 como Estado de orientação socialista, ligados ao campo de influência soviético. Moçambique, por sua vez, emancipou-se após muitos anos de lutas de guerrilha, levados a cabo pela Frente de Libertação Nacional (Frelimo) — em 1975 constituiu-se em Estado soberano, de orientação marxista-leninista e vinculado à União Soviética, dirigido por Samora Machel.

Angola, em consonância com aqueles, teve sua independência reconhecida em 1975, após longo período de luta anticolonial, conduzido, majoritariamente, pelo Movimento Popular de Libertação Colonial (MPLA) — igualmente, constituiu-se em Estado de orientação socialista, dirigido por Agostinho Neto e associado à URSS. Teve, entretanto, que enfrentar árdua guerra civil contra movimentos apoiados pelos Estados Unidos, China e África do Sul. O MPLA só conseguiu a vitória com auxílio das tropas cubanas — durante 15 anos, 300 mil soldados e 50 mil civis (médicos, técnicos e outros) — aparelhadas e mantidas pela União Soviética (BROWN, 2011, p. 431).

De protagonismo relevante e peculiar, no continente africano, foi a atuação do Partido Comunista da África do Sul na batalha conta o apartheid, pela democracia e pelos direitos de cidadania — além do mais, teve intervenção influente na estruturação do Congresso Nacional Africano (CNA). "Os comunistas eram elementos significativos na coalizão do CNA, que acabaria chegando ao poder na África do Sul sob a liderança de Mandela" (BROWN, 2011, p. 426).

Um fato extraordinário, para os Estados recém-libertos da condição de colônias, foi a Conferência de Bandung (cidade na ilha de Java, na Indonésia), em 1955. Reuniu 29 países da África e da Ásia (além da Iugoslávia), majoritariamente anticolonialistas, anti-imperialistas e nacionalistas. Todos "eram ou se diziam socialistas à sua maneira". Além disso, "tinham alguma simpatia pela União Soviética, ou pelo menos estavam dispostos a aceitar sua ajuda econômica e militar" (HOBSBAWM, 1995, p. 350). Seu legado "foi considerado por Moscou como uma oportunidade" para o revigoramento da imagem "da URSS como força anti-imperialista e modernizadora" (PONS, 2014, p. 422-3). Ademais, provocou o advento, naquelas circunstâncias históricas, da concepção de terceiro mundo, largamente utilizada nas formulações político-ideológicas, nos projetos de modernização e na geopolítica internacional da Guerra Fria.

A história dos movimentos anti-imperialistas ou nacional-libertadores na América Latina, no pós-guerra (1945) — populistas, nacionalistas, comunistas, socialistas, cristãos, trabalhistas ou de outras vertentes —, em seus múltiplos matizes, pode ser delimitada em três períodos: 1945/58, 1959/89 e 1990 em diante.

O primeiro, aberto em 1945 — decorrente, em grande medida, da derrota do nazifascismo pelas forças aliadas, particularmente pelo papel nela desempenhado pela URSS, e pelo encetamento do processo de descolonização —, permitiu a ascensão do movimento comunista e dos movimentos de libertação nacional e anti-imperialistas nos diversos continentes, regiões e/ou países. Na América Latina, em particular, muitos partidos comunistas ou congêneres emergiram para a legalidade, adotaram políticas de representação institucional e alguns se transformaram, mesmo, em partidos de massa, com razoável porcentual eleitoral.

Essa condição seria, entretanto, efêmera — com o desencadeamento da Guerra Fria (1947), grande número de PCs ou mesmo os de natureza nacionalistas ou progressistas foram ilegalizados e/ou perseguidos. Muitos optaram pelo combate armado à ordem vigente, retomando estratégias nacional-libertadoras, de combate ao imperialismo norte-americano e a instituições liberais-democráticas. Simultaneamente houve a ascensão ou recrudescimento de movimentos de procedência nacional-populistas como: o varguismo no Brasil, o peronismo na Argentina e outros da mesma estirpe.

Situação essa que sofreria mudanças de monta no final dos anos 1950. Os partidos comunistas foram impactados pelas resoluções do XX Congresso do PCUS (1956): denúncias dos crimes do stalinismo e da degenerescência burocrática; adoção da política de coexistência pacífica com o Ocidente, policentrismo no movimento comunista, possibilidade do caminho pacífico ao socialismo etc. Nessa situação, certos partidos comunistas latino-americanos experimentariam alterações de sentido renovador em suas práxis e cultura políticas que permitiram a valorização da atuação legal, do reformismo, da democracia e outros elementos de intervenção na esfera pública. Por outro lado, muitos dos PCs sofreriam dissidências, não só devido às divisões no Movimento Comunista Internacional (cisma chinês), mas também de outros tipos, como, por exemplo, daqueles derivados do guevarismo, maoismo e outros.

O segundo período, principiado com a Revolução Cubana em janeiro de 1959, se estenderia por cerca de três décadas. "A partir dos anos 60, inicia-se para o socialismo latino-americano uma nova etapa em sua história, marcada pela influência do castrismo", amálgama político-ideológico "de nacionalismo e socialismo que sintetizava décadas de histórias paralelas, bem como pela influência do que se pode definir como guevarismo, enquanto inspiração da ação política" (PORTANTIERO, 1989, p. 339).

Em 1.º de janeiro de 1959, uma coluna guerrilheira, comandada por Fidel Castro, tomou Havana e instalou um governo nacional-democrático, a seguir metamorfoseado em regime de cunho socialista. A sublevação vitoriosa contou com apoio de um amplo leque de forças sociopolíticas urbanas: Movimento 26 de Julho, organizações sindicais e estudantis, partidos liberais e comunista etc. Entretanto, forjou-se, em seu curso, uma versão mítica da revolução, segundo a qual ela só teria sido exequível pela façanha de um pequeno grupo de destemidos guerrilheiros comandados por Fidel Castro e Che Guevara — este, sobretudo, após seu assassinato na Bolívia em 1967, ganhou aura romântica e foi transformado numa espécie de grife, ícone da juventude rebelde.

Desde o princípio, ressalte-se, a Revolução Cubana tornou-se inconveniente para os Estados Unidos, cuja reação — compressão, rompimento de relações diplomáticas, financiamento da contrarrevolução (invasão da Baía dos Porcos), bloqueio econômico etc. — empurrou o novo governo para a esfera de influência soviética.

Acolhida com entusiasmo arrebatador pela esquerda, a Revolução Cubana foi tornada lenda, envolvendo o "heroísmo das montanhas"; a ação impetuosa de uma vanguarda destemida e devotada à causa revolucionária tornara possível a liberação do domínio imperialista e da tirania — o mantra "Pátria ou morte" foi convertido em símbolo máximo. Ademais fixou-se a narrativa do socialismo tropical, "pulsando com os ritmos da rumba" no paraíso caribenho (HOBSBAWM, 2017, p. 301).

Referenciando-se em formulações — primárias e/ou rústicas — de Régis Debray (intelectual francês) e guiado pela tática dos "focos guerrilheiros", o Estado cubano "passou a estimular a insurreição continental, exortada por Che Guevara, defensor da revolução latino-americana e a criação de 'dois, três, muitos Vietnãs'" (HOBSBAWM, 1995, p. 428).

Constituídos por estudantes e intelectuais esquerdistas, membros do clero católico, ex-militantes comunistas e/ou marxistas-leninistas, os focos deveriam ser conduzidos e agir como vanguarda armada insurrecional, capazes de efetivar a revolução popular anti-imperialista. Estratégia essa que ganhou maior amplitude em 1967 com a fundação, em Havana, da Organização Latino-Americana de Solidariedade (Olas), com a função de coordenar a criação de grupos e movimentos insurrecionais em todo o continente. Da dissidência de partidos comunistas e outros grupamentos esquerdistas, despontaram movimentos guerrilheiros em quase todos os países da América Latina: Ação Libertadora Nacional (ALN), Movimento Revolucionário Oito de Outubro (MR-8) e outros no Brasil; Movimento Nacionalista Revolucionário (MNR) na Bolívia; Forças Armadas Revolucionárias (Farc), Exército de Libertação Nacional (ELN), Movimento 19 de Outubro (M-19) na Colômbia; Movimento de Esquerdas Revolucionárias (MIR) no Chile; Movimento de Libertação Nacional (Tupamaros) no Uruguai; Exército Revolucionário Popular (ERP) e Motoneros na Argentina; Frente Farabundo Martí de Libertação Nacional (FMLN) em El Salvador;

Frente Sandinista de Libertação Nacional (FSLN) na Nicarágua. Coetâneos ao fenômeno guerrilheiro de orientação cubana, despontaram alguns movimentos de características bizarras — exemplo típico foi a organização no interior do Peru, nos anos 1960/80, do Sendero Luminoso; grupo armado, de tendência maoísta, que se distinguiu pelo fundamentalismo justiceiro e brutal (CASTAÑEDA, 1994, p. 105-106).

Por outro lado, deve-se atentar para o fato de que vários desses movimentos jamais praticaram, de modo efetivo, a luta armada e insurrecional — reduziram-se às declarações de intenção ou a atos espetaculares como assaltos a bancos, sequestros de embaixadores e empresários, atentados a autoridades e justiçamentos e uma ou outra modalidade de ações "heroicas" ou voluntariosas.

Um dos raros casos em que um desses movimentos viria a se tornar vitorioso foi o da Nicarágua na década de 1970. Em 1979 a Frente Sandinista de Libertação Nacional (FSLN) conquistou o poder, após anos de luta contra a ditadura de A. Somoza, com apoio de vários setores da sociedade civil, entre eles da Igreja Católica e mesmo do empresariado e da "tradicional elite política" — dessa forma a revolução sandinista "teve, no início um caráter pluralista em termos ocidentais liberais, reunindo marxistas, social-democratas, os equivalentes dos democratas-cristãos e conservadores liberais". Entretanto, a política de composição de forças heterogêneas logo se dissipou. Os dirigentes sandinistas optaram pelo monopólio do poder; alijando aliados de véspera; "aproximaram-se do Estado cubano, que lhes ofereceu suportes técnicos e materiais para a criação do Exército sandinista, da polícia e do dispositivo de segurança do Estado" (CASTAÑEDA, 1994, p. 95, 99). Dessa mudança de rumo, decorreu a eclosão de conflitos de interesses políticos que, por sua vez, desdobraram-se numa espécie de guerra civil. A conflagração desembocou em negociações e na convocação de eleições em 1986, na qual a FSLN saiu vitoriosa; derrotada, porém, nas eleições de 1990, pela oposição liberal.

Fenômeno notável na América Latina — é imprescindível realçar — foi o ingresso ou a emergência, na América Latina, nas décadas de 1960/70, de setores significativos da Igreja Católica, como protagonistas relevantes, na arena sociopolítica. Desdobramento do Concílio Vaticano II (1962-65) e da II Conferência Geral do Episcopado Latino-Americano, realizado em Medellín (1968), resultou na instituição da Teologia da Libertação — ela viria a desempenhar papel extraordinário nas lutas das classes subalternas ("povo pobre") por justiça social, direitos humanos e outras reivindicações, por meio das Comunidades Eclesiais de Base e várias pastorais; uma de suas tendências engajou-se nos movimentos insurretos (Brasil, Colômbia, Nicarágua, El Salvador, além de outros); alguns, inclusive, mantiveram estreitas ligações com a estratégia do Partido/Estado cubano. Na década de 1980, no entanto, com as reformulações nas diretivas e na cúpula da Igreja, as concepções-guia da Teologia da Libertação enfrentaram forte reação e seus adeptos foram, paulatinamente, elididos e/ou despojados da ordenação clerical, envolvendo os diversos estrados de sua hierarquia.

Experimento díspar foi o derivado do golpe militar no Peru em 1968, comandado pelo general Velasco Alvarado. Governado por uma junta militar, o regime recém-instalado proclamou-se nacionalista e anti-imperialista, desenvolvimentista e antioligárquico — realizou, em 1969, uma extensiva reforma agrária, desde cima e sem a intervenção ativa do campesinato (HOBSBAWM, 2017, p. 375). Essa política, no entanto, não teria vida longa — em 1975 um outro golpe militar destituiu Velasco Alvarado e promoveu, nos anos seguintes, o desmonte da política que vinha sendo implementada.

Invulgar foi a tentativa, no Chile, de operar uma transição pacífica, "sem precedentes para o socialismo", caracterizada de "caminho alternativo para o socialismo" (HOBSBAWM, 2017, p. 418). Isto é, a possibilidade testada no governo de Salvador Allende (1970-73). Eleito com 36% dos votos pela Unidade Popular (UP), frente composta pelos partidos socialista, comunista e mais alguns (Radicais, Social-Democratas, Ação Popular Independente e Movimento de Ação Popular Unificado). Caracterizou-se pela intenção de transição ao socialismo através de reformas (agrária, trabalhista, do Estado etc.) e pela nacionalização/estatização de empresas mineradoras (cobre, carvão, salitre e outras) e manufatureiras (têxtil, siderúrgica, papel, cimento), além de bancos, de telecomunicações e outros ramos da economia. A preservação da institucionalidade democrática requeria, porém, "a construção — segundo Allende — progressiva de uma nova estrutura do poder"; se bem que esse caminho não deveria "ser identificado com a democracia burguesa" (HOBSBAWM, 2017, p. 417). Demais disso, forças sociopolíticas que compunham a UP entendiam que a criação de condições para a transição ao socialismo pressupunha "transformações de caráter 'anti-imperialistas, antioligárquicas e antimonopolistas'" (AGGIO, 2015, p. 108-109).

Verdade seja dita, os compromissos de socialistas e comunistas, forças preponderantes na UP, com o Estado de direito democrático eram um tanto dúbias e/ou tênues — consideravam o governo Allende um dispositivo para a ruptura da ordem político-institucional. Todavia, sem ter lastro político para realizar tamanho empreendimento, sua práxis limitou-se à agitação e/ou às ações extremadas. A propósito, a estadia de Fidel Castro — acompanhado por uma comitiva de *aparatinics* do Estado/ Partido cubano — durante quase um mês no Chile, em novembro de 1971, aguçou a polarização política; pressionando o governo e/ou atiçando ações aventureiras de grupos e/ou movimentos de ultraesquerda — ao incentivar a radicalização e o confronto (AGGIO, 2015, p. 133).

Naquela conjuntura, as forças políticas liberais, democrata-cristãs e conservadoras, secundadas por interesses externos (governo norte-americano), reagiram, isolando e, a seguir, desestabilizando o governo da UP — o desfecho, trágico, ocorreu em setembro de 1973, por meio de um golpe militar e a implantação de uma ditadura opressora e cruel. O revés da "experiência chilena foi sobretudo o fracasso de um governo de esquerda cujo projeto de transição ao socialismo não conseguiu traduzir-se numa grande criação política capaz de conquistar, pela democracia, a maioria da sociedade" (AGGIO, 2015, p. 122).

Já em 1964, numa conferência dos partidos comunistas da América latina, Fidel Castro entrou em conflito com a maioria dos delegados "que recusavam a pressão e a ingerência de Cuba" (PONS, 2014, p. 454). Exemplar foi a decisão do Partido Comunista Venezuelano quando, em 1967, abandonou a estratégia guerrilheira insurrecional, resultando no rompimento rumoroso entre ele e o Estado cubano — nesse momento "a oposição entre os partidos comunistas e Havana atingiu seu ápice" (PORTANTIERO, 1989, p. 344).

A propósito, os grupos e os movimentos guerrilheiros — aconselhados e amparados pelo Estado/Partido cubano — entendiam que, no terceiro mundo e na América Latina em particular, capitalismo e soberania nacional, igualdade e liberdade, democracia e socialismo eram incompatíveis — a alternativa seria ou o socialismo de extração cubana ou a barbárie imperialista.

Os partidos comunistas que então iniciavam processos de renovação de seus projetos, de suas práxis e de sua cultura política — valorização da democracia, adoção da via pacífica e processual para o socialismo, abandono de compreensões estagnacionistas — sofreram uma inflexão e defrontaram-se com a obliteração de suas intervenções político-institucionais no âmbito do Estado de direito democrático.

É necessário advertir que o aparente antagonismo entre a URSS e a direção estatal-partidária cubana, na verdade, era parte da *realpolitik* soviética nas circunstâncias históricas da Guerra Fria — de um lado, apoiava e bancava os partidos comunistas ligados historicamente ao Movimento Comunista sob a direção do PCUS e, de outro, a estratégia cubana de exportação do foquismo insurgente, inclusive com aportes financeiros e recursos bélicos. Obviamente, essa política refletia também a dubiedade da direção do PCUS, em especial dos órgãos responsáveis pelas relações internacionais, mas também as conveniências conjunturais e estratégicas de sua geopolítica na disputa por áreas de influência ou, ainda, um certo ardil político.

À exceção da Nicarágua, nos demais países da região, a estratégia insurrecional por armas, movimento ou de grupos guerrilheiros não só malogrou, mas em muitos casos resultou em tragédias políticas e até mesmo humanitárias. A reação brutal de setores dominantes por meio das Forças Armadas, com auxílio americano, criou condições para golpes de Estado e para o estabelecimento de ditaduras atrozes.

No momento em que o projeto da Olas já havia dado provas de seu infortúnio e a democracia (re)emergia na América Latina — em coincidência com o colapso do socialismo real e a dissolução da URSS —, o regime cubano, consorciado com o Partido dos Trabalhadores (PT) no Brasil, (re)fundou órgão de articulação no continente sob sua orientação. Em 1990 foi realizado o 1.º Fórum São Paulo no Brasil, com a participação de dezenas de partidos, grupos e seitas de procedências distintas da esquerda. Tratava-se de substituir a estratégia insurrecional pela político-institucional. A iniciativa teve relativo sucesso nos anos posteriores com a ascensão ao poder do bolivarianismo na Venezuela e outros países andinos, do petismo no Brasil, da Frente Ampla no Uruguai, da Concertação no Chile, do peronismo na Argentina, do pós-sandinismo na Nicarágua etc. Boa parte deles, porém, com exceções (no Chile, no Uruguai e um ou outro), experimentaram a desventura do domínio e do mando, em grande medida por não terem compromisso (alguns) ou terem pouco apreço (outros) com ou pelos valores e procedimentos democráticos.

E, na esteira da revisão das estratégias insurrecionais, nas décadas de 1980/90, a Frente Farabundo Martí de Libertação Nacional — com ligações estreitas com a Igreja Católica, tanto com a ala orientada pela Teologia da Libertação quanto com setores conservadores, como o arcebispo O. Romero, brutalmente assassinado em 1980 por paramilitares — deliberou, após demorada avaliação das condições sociopolíticas nacionais e das concepções que informaram seu projeto libertador, "reincorporar-se à política salvadorenha como força política, competindo pelo poder em eleições" livres. Apesar das mudanças, manteve ainda uma postura dúbia — um dos principais dirigentes da FMLN, J. Villalobos, chegou a afirmar em 1991 que "Cuba representa uma forma stalinista de socialismo e da tríade Exército-Partido-Estado", o que seria perfeitamente compreensível, dadas as condições históricas em que implantou o socialismo (CASTAÑEDA, 1994, p. 92, 284).

Um outro caso de postura dúbia sucedeu-se com o Partido dos Trabalhadores brasileiro — que, sem nunca ter ultrapassado os marcos da legalidade institucional, mas sem ter compromisso inconteste com a democracia — nos anos 1990, como atestou um importante parlamentar e dirigente, após derrota eleitoral de seu candidato à Presidência da República em 1994: "Lula seria eleito, governaria com base no apoio e mobilização das camadas populares e iniciaria um processo de reformas radicais rumo a um objetivo que não foi explicitado se seria o socialismo ou algo parecido", ou seja, "Lula na presidência provocaria um curto-circuito por cima e colocaria o sistema em xeque" (GENOINO, 1994, p. A3).

Outros exemplos daqueles tipos de dubiedade, com variações, verificaram-se na Bolívia (governo Evo Morales), na Argentina (governos de Néstor e Cristina Kirchner), no Equador (governo de Rafael Correa) e em muito menor grau no México (C. Cárdenas) e, praticamente, sem nenhuma no Uruguai (governos de Tabaré Vasquez e Pepe Mujica).

Duas experiências autoproclamadas socialistas vigoram na Venezuela e na Nicarágua. Na primeira, subsiste desde 1999 com a ascensão ao poder do coronel Hugo Chávez, sucedido por N. Maduro em 2013. Qualificada de "socialismo bolivariano", aboliu, progressivamente, a democracia, limitou drasticamente os direitos de cidadania e subordinou instituições, com a sustentação do exército, da polícia política (organizada pelo Estado cubano), das milícias armadas e pelo Partido Socialista Unificado da Venezuela (criado em 2007) — desestruturou a economia (inclusive a exploração e a exportação de petróleo, base da economia); forçou a emigração de quase um quarto da população; provocou situação de flagelo (desemprego, fome, racionamento, inflação incontrolável, desmantelamento de políticas públicas); impôs Estado policial, regrado pela perseguição sistemática, pela repressão e prisão dos supostos inimigos do regime e, por extensão, do povo venezuelano.

Na Nicarágua, o retorno de Daniel Ortega ao poder em 2007, renegando os fundamentos do sandinismo, implantou uma ditadura brutal, ancorada em forças policiais, militares, milicianas e numa elite política impiedosa — igualmente, aboliu qualquer tipo de liberdade, desencadeou cruel repressão ao menor sinal de protesto ou manifestação oposicionista, inclusive de ex-sandinistas. Ambos os regimes vigentes na Nicarágua (pós-sandinista) e Venezuela (bolivariana) — apoiados unicamente pelos partidos e movimentos que compõem o Fórum São Paulo, além dos governos russo e chinês, podem ser caracterizados, cada um a seu modo, de autocráticos e/ou ditatoriais, uma mescla de "ditaduras bananeiras", nacional-socialismo e realismo fantástico.

Pelo exposto, entendemos ter tornado evidente que o socialismo, stricto sensu, deixou, segundo os padrões do Movimento Comunista Internacional, de ser o desígnio da superação do capitalismo e da emancipação do ser social — nesse sentido, o proletariado deixava de ser o agente revolucionário por natureza, ou seja, a classe redentora da humanidade, embora a retórica continue afirmando que sim. As contradições de classe (proletariado e burguesia), substituídas pelo antagonismo entre o povo-nação e o imperialismo. O socialismo significaria a combinação de estatismo, nacional-desenvolvimentista e anti-imperialismo (inclusive adjetivado: norte-americano, britânico, francês, japonês etc.) — seu paradigma, a URSS; e seu lócus privilegiado, a periferia do capitalismo. O terceiro mundo — objeto de exploração econômica e dominação política — viria a ser liberado da pobreza e da opressão imperialista pela revolução nacional-libertadora de "orientação socialista".

7

SOCIALISMO REAL

O desfecho da II Guerra Mundial (1945), com a derrota do nazifascismo, acarretou, entre outros resultados, o advento na Europa Central e/ou do Leste de regimes sociopolíticos denominados, eufemisticamente, de democracias populares — praticamente todos sob o comando de partidos de orientação soviética e, em algumas circunstâncias, em composição com partidos social-democratas e outros; esses últimos, entretanto, foram sendo paulatinamente incorporados ou subjugados pelos comunistas ou correspondentes, com nomenclaturas diversas.

Ao redor de oito países — Hungria, Polônia, setor oriental da Alemanha, Tchecoslováquia, Iugoslávia, Albânia, Romênia, Bulgária — foram anexados ao campo soviético nos anos 1945/49. À exceção da Tchecoslováquia (contando com influente e numeroso Partido Comunista), que prescindiu das forças armadas soviéticas e, de outro modo, da Iugoslávia e da Albânia, que foram libertadas com suas próprias organizações guerrilheiras, os demais países tiveram que contar com a intervenção decisiva do Exército Vermelho. Assim, a sovietização da Europa do Leste deveu-se, em grande medida, à ocupação daquele território, criando "condições para o surgimento de novos estados comunistas" (PONS, 2014, p. 284).

Como prolongamento e contraponto àquele processo, em 1947, foi desencadeada a Guerra Fria (conflagração político-ideológica), dividindo o mundo, a Europa em particular, em dois campos, cada um deles identificado com uma das potências emergentes: o Ocidente capitalista e regiões asiáticas sob a liderança dos Estados Unidos, e o Oriente comunista sob o comando da URSS. Esse fenômeno, por sua vez, viria acentuar a sovietização da Europa centro-oriental.

Naquelas circunstâncias histórico-políticas, foram gestados os pressupostos para o estabelecimento, nos países do Leste europeu, do padrão soviético que viria a ser qualificado com socialismo real ou socialismo realmente existente. Teve, guardadas as particularidades de cada um dos países, como característica essencial comum e/ou inata: Partido/

Estado com poder exclusivo e vertical, autocrata e demiurgo — ditadura do proletariado, gerida pela vanguarda revolucionária encarnada no partido comunista ou congêneres, embasado pela doutrina marxista-leninista —, no progresso social, no desenvolvimento das forças produtivas, na abolição da economia de mercado (estatização, coletivização e planejamento central), na racionalização dos aparatos de gestão e/ou administrativos.

> O endurecimento das obediências — via Estados rigidamente centralistas, exclusão de não-comunistas do governo, substituição dos ocupantes de cargos no Estado, conversão a um governo de partido único, redução das liberdades civis e das garantias constitucionais e obediência à União Soviética — retirou das Democracias Populares seu apoio popular. O controle centralizado por meio dos Ministérios do Interior (cujas máquinas policiais foram formadas por "consultores" soviéticos de segurança) não só destruiu os potenciais de uma cultura política democrática das massas, mas também liquidou os próprios partidos comunistas como órgãos criativos. Os assustadores expurgos de 1948-52 dizimaram os PCs da região no instante mesmo em que emergiram do isolamento da Resistência. (ELEY, 2005, p. 357).

Isso, de modo geral, não significa que havia uniformidade entre aquelas repúblicas. A Iugoslávia, por exemplo, constituía uma federação — República Federal Popular: Sérvia, Croácia, Eslovênia, Macedônia, Montenegro e Bósnia/ Herzegovina; por outro lado, renunciou à coletivização da agricultura, priorizando a pequena propriedade camponesa privada; além disso, adotou a autogestão nas empresas por meio de Conselhos de trabalhadores, porém com poderes limitados "pelas regulamentações estatais" e pela intervenção política do partido, Liga dos Comunistas (NOVE, 1989, p. 209). De outro modo, a Polônia adotou a pequena propriedade familiar camponesa, além de certa tolerância como exercício da religião católica.

Demais disso, houve dissensões e/ou cismas provocados sobretudo por intentos de autonomia da tutela soviética. Em 1948 a Iugoslávia declarou sua emancipação — tal ousadia de recusa aos ditames do stalinismo causou indignação no *establishment* soviético, motivando a excomunhão de seu líder máximo (Tito) e dos demais dirigentes comunistas iugoslavos. Anos depois (1954/58) a Albânia — com um tipo de regime de cunho stalinista extremado, isolacionista e socialmente regressivo, recusou peremptoriamente as denúncias contra Stalin e as resoluções do XX Congresso do

PCUS — romperia os laços com o Movimento Comunista Internacional e com a URSS em particular, acusada de revisionismo, fazendo coro com a China maoísta. Na sequência a Romênia, nos anos 1960/70, afirmaria sua autonomia, embasada num nacionalismo de conveniência, assentada numa espécie de socialismo familístico e/ou monárquico.

Também nas demais "repúblicas democráticas populares" do Leste europeu, as tentativas de preservar o monolitismo tutelado pela União Soviética foram sempre tensas e, em alguns momentos, explosivas.

Em 1953 os operários da construção decretaram greve em Berlim Oriental que se espalhou para outras cidades — até mesmo para Pilsen na vizinha Tchecoslováquia —, envolvendo mais de um milhão de trabalhadores. Das reivindicações de caráter corporativo passou-se, rapidamente, para postulações por liberdades, eleições livres e democráticas; poucos dias depois a revolta foi tolhida pela intervenção soviética. "Dezenas de manifestantes foram mortos, muitos foram presos e seguiram-se execuções" (BROWN, 2011, p. 323).

Na República Democrática da Alemanha (RDA), como se denominou, foi imposta uma espécie de "socialismo prussiano", com rígido controle e disciplina, monitorado por uma extensa rede de vigilância, exercida pela assombrosa polícia política — a Stasi chegou a contar com 197 mil informantes, 97 mil funcionários e 6 milhões de fichados, isso numa população de, aproximadamente, 17 milhões de indivíduos (MEYER, 2009, p. 37). E, para consumar a contenção, em 1961, foi construído o "Muro de Berlim", dividindo a Alemanha em Ocidental e Oriental, apartando a sociedade alemã segundo a lógica da Guerra Fria, ratificando a metáfora ardilosa de W. Churchill — da demarcação das fronteiras europeias pela "cortina de ferro" — enunciada em 1947.

Em 1956 tensões latentes afloraram na Polônia e na Hungria. No caso polonês, em meados daquele ano, trabalhadores de fábricas realizaram manifestações reivindicando melhores salários e, a seguir, para a postulação de reformas, evoluindo para o confronto — a revolta foi sustada pela intervenção repressiva das forças de segurança e do Exército, resultando em dezenas de operários mortos e centenas de feridos; algumas das demandas foram atendidas dentro dos limites do regime, sem alterar as relações de poder, entre elas a substituição de dirigentes do Partido Operário Unificado da Polônia (POUP) e no comando do Estado.

Na Hungria o estado de convulsão teve curso diverso, muito mais acirrado, encaminhando-se para a insurgência, inclusive com ativa participação de militantes e dirigentes comunistas do Partido dos Trabalhadores Húngaros. Suas reivindicações incluíam desde a deposição de dirigentes remanescentes do stalinismo até a plena liberdade de expressão e de manifestação. Em outubro/novembro de 1956, o movimento insurgente ganhou dimensões inesperadas, massivas. A reação da União Soviética, com apoio dos demais países do Pacto de Varsóvia, foi imediata através de brutal repressão. Resultado: 2.500 revoltosos mortos, milhares detidos e 200 mil exilados, todos acusados de contrarrevolucionários (BROWN, 2011, p. 242). "O realismo político mais cru, informado pela lógica da Guerra Fria, constituiu o principal instrumento para justificar a invasão" (PONS, 2014, p. 396).

> A crise de 1953-1956, em particular seu episódio mais avançado, o outubro polonês e húngaro, constitui até 1968 a experiência que marca mais profundamente a evolução das "democracias populares" e das correntes de oposição das mesmas. A Polônia havia mostrado o limite máximo tolerado por Moscou. Quando este é ultrapassado na Hungria, os chefes soviéticos não vacilam em recorrer ao seu poderio militar para esmagar as aspirações democráticas e nacionais, socialistas em sua essência, de todo um povo. (CLAUDIN, 1983, p. 165).

O movimento de contestação de maior impacto no âmbito do socialismo real viria a ser suscitado na Tchecoslováquia em 1968, conhecido como "Primavera de Praga". Incubado ao longo da década de 1960 no seio da sociedade e do próprio Partido/Estado, emergiu e ganhou tração nos meses de janeiro/agosto de 1968. Envolveu membros do *establishment*, militantes e dirigentes comunistas, trabalhadores fabris e rurais, professores e estudantes, artistas e intelectuais e uma série de outros — mobilizaram-se em torno de reformas e culturais, em defesa da liberdade de expressão e manifestação, contra a censura e o autoritarismo, enfim pelos direitos civis e políticos e sentido lato. Isto é, a instauração de um socialismo democrático, de "face humana", como o definiu o principal dirigente do Partido/Estado, A. Dubtchek.

Evidentemente as reformas implicariam a autonomização da Tchecoslováquia do campo do socialismo real e da subalternidade à União Soviética. As tentativas de frear o movimento renovador — sob a alegação de antissocialista e contrarrevolucionário, de capitulação ao reformismo social-democrata e de renegar o marxismo-leninismo — foram em vão. Um dos principais temores era o do contágio político-ideológico das demais democracias populares.

Sem conseguir êxito através de pressões e ameaças, em agosto a Tchecoslováquia foi invadida pelos exércitos do Pacto de Varsóvia, com um contingente de cerca de meio milhão de soldados, a maioria soviéticos. Se, por um lado, a operação militar soviética foi eficiente na repressão e desmantelamento do movimento democrático, por outro expôs a incapacidade e a perda de legitimidade e credibilidade do socialismo real.

Logo, os acontecimentos que culminaram por coibir e/ou aniquilar a "Primavera de Praga", incapacitava ou debilitava "a URSS de exercer a hegemonia em sua esfera de influência europeia, enquanto ruptura do 'campo socialista' fora da Europa emitia o mesmo veredito" (PONS, 2014, p. 479).

Por outro lado, os países e regiões qualificados como subdesenvolvidos — em geral coloniais, semicoloniais e/ou dependentes — e situados em áreas (Ásia, Oriente Médio, África, América Latina) categorizadas como Terceiro Mundo experimentaram situações um tanto peculiares, distintas ou mesmo incomuns.

Na Ásia adquiriu variantes nítidas, mas dessemelhantes: China, Coreia do Norte, Vietnã, Laos, Camboja, Mongólia e mais um ou outro caso, que se intitularam repúblicas populares. Quase todas adotaram, por algum tempo e parcialmente, o paradigma soviético.

A China, por exemplo, até 1960, "dependeu substancialmente da assistência soviética para expandir sua indústria, sua agricultura e seu sistema educacional, para obter ajuda técnica e militar" (GRAY, 1974, p. 2710). Nacionalizou empresas, realizou uma "reforma agrária drástica, passando rapidamente da agricultura cooperativa para as comunas" (DESAI, 2003, p. 315). Elaborou o I Plano Quinquenal (1953/57), que estabeleceu o planejamento centralizado da economia, a industrialização pesada e a expansão da infraestrutura. Nas décadas de 1960/70, o modelo soviético seria abandonado e substituído por uma orientação socioeconômica "comunitária", de incremento do nacionalismo e de combate ao revisionismo, informado pela encarnação fanática do credo marxista-leninista-maoísta — seu apogeu ocorreu no período da "Grande Revolução Cultural Proletária" (1966/76) e viria a sofrer inflexão após seu esgotamento.

Nos demais países recém-libertos da condição de colônias, as circunstâncias históricas e a conformação sociopolítica foram discrepantes. A Coreia do Norte, amparada pela União Soviética, adotou o protótipo bolchevique espelhado no stalinismo — todavia ainda mais drástico, dominado por uma autocracia dinástica, respaldada no militarismo. A Indochina, colônia francesa, após décadas de lutas de libertação nacional contra a França (1945/54) e a seguir contra os Estados Unidos, nos anos 1960 até meados da década de 1970, deu origem a três Estados (1975) intitulados repúblicas populares ou comunistas — o Vietnã e o Laos, de características híbridas (nacional-desenvolvimentistas e comunista) e o Camboja (de orientação maoísta e regressista), além da Mongólia, caso *sui generis* de um Estado centralizado com uma sociedade, majoritariamente, agropastoril e, em parte, nômade.

De um modo um tanto diverso, no Oriente Médio, na África e na América Latina, todos os Estados caracterizados como socialistas emergiram de movimentos de libertação nacional: Iêmen, Etiópia, Angola, Moçambique, Guiné-Bissau, Cuba, Nicarágua e outros. Em sua maioria — não obstante as especificidades de cada Estado ou sociedade —, referenciaram-se no protótipo bolchevique e sob o amparo soviético. Houve, certamente, outros experimentos; contudo os exemplares mencionados são reveladores da índole básica do "socialismo realmente existente".

Além do mais, o referencial basilar, excetuando alguns, no seu conjunto foi o pertencimento ao Movimento Comunista Internacional, sob o comando da URSS. Declararam-se marxistas-leninistas, repúblicas democráticas e populares, vanguarda da classe operária e assim por diante — espécimes excêntricos de ditaduras do proletariado, onde ele nem sequer existia ou era muitíssimo exíguo, tornaram-se comuns, como, por exemplo: Iêmen, Cuba, Mongólia, Moçambique etc.; ainda mais caricato foi o fato de serem (auto) denominados de repúblicas democráticas: Camboja, Coreia do Norte, Etiópia e vários outros.

Desse modo é plausível atestar que o modelo soviético "tornou-se basicamente um programa para transformar os países atrasados em avançados". Isto é, o padrão soviético de "desenvolvimento econômico — planejamento econômico estatal centralizado, voltado para a construção ultrarrápida das indústrias básicas e infraestrutura essencial de uma sociedade industrial moderna — parecia feito para eles" (HOBSBAWM, 1995, p. 367).

8

REFORMISMO, *WELFARE STATE* E DEMOCRACIA

Vertente alternativa ao socialismo real foi instituída, no pós-guerra (1945), na Europa e em outros países e/ou regiões — consistiram em determinados tipos de formações de extração socialista, genericamente qualificados de Estado de bem-estar social. Embora diversos entre si, continham características essenciais comuns, em maior ou menor grau. O Estado, através do estabelecimento de impostos progressivos, estatuía mecanismos indispensáveis para a promoção da equidade, para amplificar os direitos de cidadania, para a remoção de obstáculos garantidores da estratificação social, para a regulação das relações mercantis e sociais, além de outros elementos afiançadores de um mínimo de bens e serviços básicos para o manutenimento de condições dignas de existência do ser social. Entre elas, a universalização dos serviços de saúde e educação públicos, da previdência social, da regulamentação das relações de trabalho, do seguro-desemprego, do salário mínimo, de programas habitacionais subsidiados etc. (MARSHALL, 1967, p. 93; PIKETTY, 2022, cap. 6; ELEY, 2005, p. 559-572).

Todavia, a edificação do *Welfare State* compreendeu, de fato, um longo processo, um *continuum* de direitos de cidadania (civis, políticos, sociais), conquistados e institucionalizados. Desde o último quartel do século XIX à década de 1930, para não recuar muito no tempo, foram sendo instituídos em diversos países, como Inglaterra, Alemanha, Áustria, Itália, França, Dinamarca, Noruega, Suécia e alguns outros.

No período entreguerras (1918-45), aquele ordenamento socioeconômico e político sofreu abalos profundos — marcado por crises e conflitos, pela ascensão do nazifascismo (Alemanha, Itália, Japão etc.) e do comunismo soviético, houve uma contração dos direitos de cidadania e a emergência de manifestações de incivilidade, o afloramento de concepções totalitárias, o recrudescimento da cultura política embasada em concepções irracionais.

Mas, mesmo se defrontando com aqueles infortúnios, em diversos países, os direitos de cidadania foram preservados ou robustecidos. Nesse sentido, é possível afirmar que "as liberdades políticas dos trabalhadores estavam garantidas pelo sistema de sufrágio universal e a questão social foi legalmente reconhecida pela legislação social do Estado de bem-estar social" (FEHÉR, 1991, p. 52).

Emblemático foi "o padrão escandinavo de socialdemocracia incorporado pelo Estado, na Dinamarca (desde 1929), na Suécia (desde 1932) e na Noruega (desde 1935)". A concertação envolvendo sindicatos, Estado e empresários foi consumada em meados dos anos 1930, com seguimento nas décadas seguintes — teve como premissa o reconhecimento, por parte do empresariado, "da legitimidade do governo socialdemocrata", comprometido com salários apropriados com o "bem-estar social e o pleno emprego, ao passo que os socialistas admitiram a santidade da propriedade privada, a garantia do controle privado dos mercados de capital e a restrição da militância sindical no interesse da paz social" (ELEY, 2005, p. 291-292). Esse compromisso histórico, acordado com anuência coletiva, permitiu a constituição do Estado de bem-estar social duradouro, diminuindo drasticamente a desigualdade (KORPI, 1990, p. 127-135).

De outro modo, experiências conexas, mas em menores proporções e amplitude, verificaram-se nos Estados Unidos nos anos 1933/40. Valendo-se das contribuições teóricas de J. M. Keynes, o governo de F. Roosevelt implementou uma política econômica, *New Deal*, visando superar as sequelas da "grande depressão" desencadeada em 1929; seus elementos essenciais resumiram-se em medidas como: intervenção estatal na regulação do mercado e na política monetária; políticas de investimentos do Estado em obras públicas (infraestrutura) e de promoção de níveis de emprego elevados; ações de bem-estar social — sistema de seguridade social, como aposentadorias e pensões, seguro-desemprego, políticas assistenciais para famílias carentes e outras.

Políticas equivalentes, em maiores ou menores proporções, foram postas em prática em outros países da América, como, por exemplo, no México (governo de L. Cárdenas, 1934/40), no Brasil (governo de G. Vargas, 1930/45), na Argentina (governo de J. D. Peron, 1947/55)) e mais alguns, como Venezuela e Chile — nos exemplos da América Latina, de modos diferenciados e/ou desiguais, foram instituídas por meio de pacto entre capital e trabalho, imposto e mediado pelo Estado, os rudimentos do Estado de bem-estar social: legislação trabalhista, programas de saúde e educação públicas, regulação de políticas econômicas e financeiras e de investimentos públicos nacional-desenvolvimentistas etc.

Não obstante as bases do Estado de bem-estar social terem sido assentadas nos anos 1880/1930, seria nas décadas de 1940/70 que ele ganharia ordenamento consumado. É fato que na época histórica, delimitada entre 1914/80, "as desigualdades de renda e de propriedade foram fortemente reduzidas em todo o mundo ocidental (Reino Unido, França, Estados Unidos, Suécia etc.), assim como no Japão, na Rússia, na China e na Índia, seguindo modalidades diferentes" (PIKETTY, 2022, p. 153) — poderíamos acrescentar, inclusive, Canadá, Nova Zelândia, Austrália, Uruguai, Chile e alguns outros.

Fundamental para a implantação e formatação do *Welfare State* foi, indubitavelmente, a economia política keynesiana — "ela forneceu o alicerce para o compromisso de classes, dando aos partidos políticos representantes do operariado uma justificativa para exercer cargos políticos em sociedades capitalistas" (PRZEWORSKI, 1989, p. 244). Teve, de forma geral, como objetivo a promoção do desenvolvimento e o alto porcentual de emprego. Isto é, a finalidade do Estado de bem-estar social deveria ser a de "proteger aqueles que são afetados pelos riscos e contingências da sociedade industrial e criar uma medida de igualdade social" (OFFE, 1983, p. 46). Ou ainda, visava a "diminuição ou mesmo a eliminação da periódica crise capitalista e um constante e proporcional aumento da riqueza pública e privada" (OERTZEN, 1980, p. 52).

Por sua vez e através da pactuação entre capital e trabalho, mediada pelo Estado, o *Welfare State* teve como premissa: "evitar o abalo das estruturas da sociedade capitalista e reduzir os conflitos econômicos, sociais e políticos, com vistas a manter e criar um consenso social básico", reduzindo os conflitos sociais (OERTZEN, 1980, p. 52). Isso só foi possível com o Estado de direito democrático, garantidor dos direitos de cidadania e suscetível à inclusão dos trabalhadores às esferas políticas (dos Poderes Executivo e Legislativo especialmente).

Os instrumentos dos trabalhadores — de organização, reivindicação, de ação e representação sociopolítica — foram os sindicatos, representados por partidos social-democratas, trabalhistas, democratas-cristãos e até mesmo, em alguns países, dos comunistas (OERTZEN, 1980, p. 53). Nessas circunstâncias históricas foram criados pressupostos para a integração de movimentos dos trabalhadores na "vida ativa do Estado por meio do reconhecimento sindical, liberdade de negociação coletiva e ampliação das liberdades civis" (ELEY, 2005, p. 362). Houve, portanto, de fato e de direito, a integração dos trabalhadores à ordem sociopolítica, partilhando a gestão do Estado e/ou de governos — incorporou, desse modo, a tese segundo a qual as transformações poderiam ser realizadas sem que demandassem movimentos disruptivos ou de suspensão da legalidade democrática (POULAIN et al., 1980).

Em conformidade com a economia política do *Welfare State*, uma série de princípios componentes, históricos e de sua práxis e cultura foi descartada — as concepções fundantes de sua tradição, basilares da teoria marxista: a compreensão da luta de classes como motora da história; a da inevitabilidade histórica do socialismo, resultante das contradições inerentes do capitalismo e outros elementos da doutrina marxista. Consentâneas com esta opção, foram retomadas teses de E. Bernstein, taxadas no passado de revisionistas e renegadas peremptoriamente, segundo as quais: o papel da social-democracia deveria ser a organização dos trabalhadores para lutar pela democracia. Ou seja, "lutar por reformas políticas", elevando a classe trabalhadora a protagonista da transformação do sistema político em democracia (BERNSTEIN, 1982, p. 97) — um reformismo progressivo e uma gradativa amplificação da democracia.

Conquanto possuísse características essenciais comuns, o Estado de bem-estar social apresentou feitio distinto nos países em que foi instituído. Por outro lado, predominou principalmente nos países da Europa Ocidental e, com algumas exceções, na América, Ásia e Oceania. Evidentemente, com gradação e desenvolvimento desigual, alguns alcançaram nível de aperfeiçoamento considerável (Suécia, Noruega, Dinamarca, Alemanha, Áustria, Inglaterra, Bélgica, Holanda, Suíça, Nova Zelândia); outros em menor escala, mas com padrões razoáveis de bem-estar (Estados Unidos, Canadá, Uruguai, Itália, Japão, Austrália etc.); e ainda aqueles com limitações ou de grau reduzido pela suas condições de dependência, composição do poder, gestão de políticas públicas (México, Brasil, Argentina, Grécia, Portugal, Espanha, Coreia do Sul, Taiwan etc.).

Entre os mais significativos, a Alemanha constituiu-se num caso expressivo de *Welfare State*. Seu principal agente, o Partido Social Democrata (SPD) — o mais antigo partido de extração socialista (1875) —, desempenhou papel primordial ao longo do século XX, sobretudo nos anos 1945/80, quando governou o país em várias ocasiões e/ou mandatos. Suas bases, preponderantes, estavam esteadas nas organizações sindicais — a Confederação dos Sindicatos Alemães, nas décadas de 1960/70, contava com mais de sete milhões de filiados —, das quais provinha a maioria dos dirigentes e parlamentares. Além das medidas de bem-estar social (saúde, educação, legislação trabalhista e outros benefícios), foi estabelecida a cogestão (participação nos conselhos das empresas) e na distribuição de lucros. Preceitos correspondentes foram instituídos na Áustria, onde o Partido Socialista alcançou altos porcentuais eleitorais.

O *Labour Party*, tendo obtido expressiva vitória eleitoral em 1945, governou a Grã-Bretanha até 1951. Naquela conjuntura histórica do pós-guerra, promoveu mudanças sociais substantivas na sociedade britânica (OWEN, 1980, p. 5). Realizou diversas reformas favoráveis à "classe trabalhadora e em prol da democratização da Inglaterra" (ABENDROTH, 1977, p. 128) — entre elas, a instauração de um excepcional sistema de saúde pública, "acompanhado de um amplo sistema de proteção social" (PIKETTY, 2022, p. 138-139). O serviço de saúde inglês tornou-se, nas décadas seguintes, referência para outros países com Estado de bem-estar social. O projeto trabalhista inglês foi, de modo distinto e em circunstâncias diversas, paradigma para partidos trabalhistas na Holanda, Bélgica, Austrália etc.

Experimento deveras virtuoso e/ou cabal de *Welfare State* foi o consolidado na Suécia — porventura o de maior longevidade (1932-76), com um Partido Social Democrata no poder. Tendo alcançado alto grau de equidade, sobretudo por meio de impostos progressivos, promoveu a universalização e, em alguns casos, a socialização de serviços fundamentais: saúde, educação, habitação, transporte ou locomoção, previdência social, regulamentação das relações de trabalho, cogestão, subsídios para moradias e outros serviços essenciais e compatíveis com condições de vida dignas. O padrão sueco de *Welfare State* tornou-se paradigma adequado para os demais países escandinavos (Noruega, Dinamarca, Finlândia) e, de outro modo, para países como Nova Zelândia e Canadá.

No continente americano, duas variantes de *Welfare State* foram assentadas: o americanismo nos Estados Unidos e o populismo nacional desenvolvimentista na América Latina, particularmente no Brasil, no México e na Argentina.

O primeiro tipo expressou-se, de forma singular, no liberalismo, no igualitarismo e no individualismo (*self-made man*), no racionalismo dos métodos de produção (fordismo e taylorismo) que regularam as relações sociais e humanas criando um estilo de vida peculiar (*American way of life*), entranhando-se na organização da sociedade civil, na cultura política lato sensu (GRAMSCI, 2001, v. 4, p. 235-321). Contido, entretanto, pelo apartheid étnico-racial, tolhendo amiúde o usufruto dos direitos civis, só extensível à população negra nos anos 1960 — em algumas circunstâncias históricas, foram ampliados os direitos sociais (década de 1930 com o *New Deal*). Por conseguinte, um Estado de bem-estar social um tanto limitado, se comparado com as variantes europeias, tanto em gênero e grau como em extensão. Demais disso, o americanismo foi universalizado, a partir dos anos 1940, estendendo-se para todas as regiões ou países.

A segunda variante, do tipo populista, originou um Estado de bem-estar social mitigado, com a subordinação da sociedade civil e política ao Estado — reduziu-se, sobremaneira, à regulamentação das relações entre capital e trabalho sob a tutela estatal (legislação trabalhista, organização sindical etc.), embasada no corporativismo. Também nesses países os direitos civis foram manietados. Ademais, o desenvolvimento capitalista extensivo gerou altos níveis de desigualdade e iniquidade — enfim, um Estado de bem-estar social restrito.

Paradoxalmente, em alguns países, o *Welfare State* foi, em grande medida, obra da práxis política de partidos comunistas, como na Itália, na França e no Japão e mais um ou outro. Deve-se, porém, atentar para o fato de que, conquanto esses partidos terem sido agentes indispensáveis, com maior ou menor contribuição, na construção do Estado de bem-estar social, jamais se tornaram governantes ou mesmo foram partícipes da gestão do poder estatal, a não ser na condição de coadjuvantes.

O exemplo italiano é, de fato, elucidativo. Dando curso às formulações teórico-políticas de Gramsci, Togliatti (1980, p. 151) elaborou o projeto de via nacional ao socialismo por meio da "democracia progressiva"; Ingrao (1980), a noção de "democracia de massas"; Berlinguer, a de "democracia como valor universal" — ou seja, a probabilidade e/ou a esperança de construção de uma sociedade socialista capaz de assegurar "as liberdades pessoais e coletivas, civis e religiosas, o caráter não ideológico do Estado, a possibilidade da existência de diversos partidos, o pluralismo na vida social, cultural e ideal" (BERLINGUER, 2009, p. 116) — essa estratégia política foi testada, em meados da década de 1970, nas proposições do "Compromisso Histórico" e do "Eurocomunismo" (BERLINGUER, 1977), porém sem se concretizar. A despeito dos contratempos, sua espessa capilaridade — forjada desde 1945 — na sociedade civil e política e nos movimentos sociais (sindical, cultural, estudantil, feminino etc.), o PCI, tornou-se protagonista impulsionador das reivindicações e institucionalização de medidas para a extensão dos direitos de cidadania em prol do Estado de bem-estar social. Em circunstâncias socioeconômicas e políticas distintas, algo condizente manifestou-se no Japão, com ativa participação do Partido Comunista Japonês, que, aliás, incorporou em sua práxis política elementos similares às do PCI e do Eurocomunismo.

De outro modo, o Partido Comunista Francês (PCF) — embora preservando sua lealdade à ortodoxia soviética, aderiu progressivamente ao reformismo e, em fins da década de 1970, ao Eurocomunismo em companhia do PCI e do PCE — teve papel capital na edificação do *Welfare State* na França. Nesse sentido, é plausível a assertiva segundo a qual esses e outros PCs adotaram o reformismo e, mesmo de forma velada, o revisionismo socialdemocrata bernsteniano.

Contudo, mesmo partidos comunistas mais afeitos à defesa das liberdades, da soberania popular e dos direitos de cidadania, como o italiano, preservaram alguns senões à democracia lato sensu e até mesmo aversão a vários fundamentos do legado liberal. Interpelando esse tipo de procedimento, legado da cultura e da práxis política terceiro-internacionalista, em meados dos anos 1970, um ilustre intelectual liberal-socialista italiano, Norberto Bobbio, dirigiu indagações ao PCI acerca da relação entre o socialismo e a herança liberal-democrática. Três foram as interpelações, sintetizadas posteriormente por Bobbio (1983, p. 9):

> Um, de história de doutrinas políticas: quais são as razões pelas quais nunca existiu uma verdadeira e própria teoria marxista do Estado socialista. Um outro, de teoria política e direito constitucional: se a esquerda tem um projeto de democracia como alternativa à democracia representativa e qual seria este projeto. Um, enfim, de caráter imediatamente político: se o projeto de transformação socialista é incompatível com a democracia, compreendida como um conjunto de regras que determinam e delimitam a participação dos cidadãos nas escolhas políticas, tanto na fase da conquista como na fase do exercício do poder.

As questões postas por Bobbio geraram um acalorado debate envolvendo grandes quadros políticos e intelectuais ligados ao PCI: U. Cerroni, M. Boffa, V. Gerratana, A. Occhetto, P. Ingrao, G. Vacca etc. (BOBBIO *et al.*, 1979). Se os problemas aventados e discutidos, não só por serem extremamente complexos e embaraçosos, não tiveram respostas terminantes, ao menos colocaram outras e novas indagações. É possível que a resposta mais sistemática e nítida às interrogações de Bobbio tenha sido o discurso de Enrico Berlinguer em Moscou, no 60.º aniversário da Revolução de Outubro em 1977, ao atribuir à democracia "valor histórico universal".

Nos anos 1950/70, diversos países de regiões e continentes dessemelhantes ou assimétricos, em maior ou menor grau, vivenciaram: o aprimoramento do Estado de direito democrático; a socialização de bens públicos; a universalização de direitos de cidadania lato sensu; melhorias crescentes das condições de existência; publicização do Estado; garantia de seguro social; políticas públicas equitativas; sistemas tributários progressivos; regulação das relações sociais; participação na gestão de empresas (cogestão); reapropriação social de excedentes — distribuição de renda e riquezas; criação de instrumentais de orientação pública da economia (planejamento) e outras. Assinale-se que esses elementos, característicos do *Welfare State*, não foram implementados de forma plena em praticamente nenhum país — em alguns houve a institucionalização de grande parte deles; mesmo assim, com desequilíbrios; em outros, foram adotados parcialmente ou de modo reduzido; e em muito deles, de forma inconstante.

Sob essa ótica, o *Welfare State* não teria sido tão somente uma reforma do capitalismo. Significou, isto sim, transformações de largas proporções nas relações sociais — neste sentido não foi mera cessão das classes dominantes diante do perigo representado pelo Movimento Comunista Internacional. Assim sendo:

> Esse novo socialismo democrático se situa, em larga medida, no prolongamento das transformações sociais, tributárias e jurídicas empreendidas em inúmeros países ao longo do século transcorrido, sob a condição, contudo, de lembrar que essas transformações foram feitas ao custo das relações de força, de mobilizações populares e de múltiplas crises e momentos de tensão. (PIKETTY, 2022, p. 180).

O paradigma social-democrata do *Welfare State* derivou, sem sombra de dúvida, da organização (associativa, sindical, partidária, comunitária, cultural) e da mobilização sociopolítica de classe (trabalhadores industriais, dos serviços, da agricultura, da cultura, da burocracia pública ou privada etc.). Sua intervenção vital na sociedade civil e política, nos parlamentos — lócus privilegiado de institucionalização de direitos —, ou mesmo em governos, foi um dos meios capitais "para a realização dos ideais socialistas de igualdade, justiça, liberdade e solidariedade" (ESPING-ANDERSEN, 1995, p. 90).

Mas se, por um lado, o Estado de bem-estar social cooperou, em certa medida, para validar — por meio do compromisso de classe — componentes intrínsecos ao modo de produção capitalista, de outro contribuiu, parcialmente e dentro de seus limites, para a emancipação dos componentes e/ou protagonistas dos "mundos do trabalho e da cultura", ao fomentar a publicização das relações sociais e a ampliação do espaço público lato sensu — e ainda da expansão dos direitos de cidadania: civis, políticos, sociais e de terceira geração (BOBBIO, 1992). Enfatizando, é possível que a desigualdade de oportunidades tenha sido, em parte, compensada pela reapropriação social, ainda que parcial, do excedente produzido. A edificação, pois, de uma esfera pública implicou, por sua vez, a regulação da economia, permitindo o acesso aos fundos públicos, "num processo de interação com a consolidação das instituições democráticas". Dessa forma, "tanto a esfera pública como seu corolário, a democracia representativa, afirmam as classes sociais como expressões coletivas e sujeitos da história" (OLIVEIRA, 2009, p. 352).

Seus resultados históricos-políticos foram sintetizados de forma objetiva e com esmero por um importante intelectual alemão, J. Habermas:

> As conquistas políticas do liberalismo e da democracia social, que resultaram do movimento de emancipação burguês e do movimento operário europeu, sugerem uma resposta afirmativa. Ambos perseguiram o objetivo de superar a privação de direitos dos grupos subprivilegiados e, com isso, superar a cisão da sociedade em classes sociais. Mas, nos lugares em que o reformismo social-liberal entrou em vigor, a luta contra a opressão de coletividades que se viam privadas de *iguais oportunidades* de *vida social* se deu nas formas de uma luta pela universalização dos direitos do cidadão nos termos do Estado de bem-estar social. Aliás, após a bancarrota do socialismo de Estado, ela se tornou a única perspectiva — o *status* de trabalho remunerado dependente precisa ser complementado pelos direitos de participação social e política, e a massa da população deve ter a oportunidade de viver com expectativas fundamenta-

das na segurança, justiça social e bem-estar. A desigualdade de oportunidades de vida social da sociedade capitalista deve ser compensada por uma distribuição justa dos bens coletivos. (HABERMAS, 2018, p. 342-343).

9

DESVENTURAS E PERECIMENTO DE PROJETOS E EXPERIÊNCIAS SOCIALISTAS

Fatos e fatores suscitados nos anos 1970 — rompimento do Acordo de Bretton Woods pelo governo norte-americano, crise fiscal, aumento brusco dos preços do petróleo pelos países da Opep, recessão econômica e outros problemas —, encadeados, engendraram um conjunto de mudanças e, por sua vez, implicariam que o mundo, sobretudo sua parte ocidental, perdesse "suas referências", resvalando "para a instabilidade e a crise" (HOBSBAWM, 1995, p. 393).

Concomitante à crise e às alterações por elas delineadas, na passagem dos anos 1970/80 e com seguimento nas décadas seguintes, foi desencadeado um complexo processo de transformações de grande monta que culminaria no ingresso do capitalismo em uma nova fase (da globalização), expressa nas: reestruturação produtiva, financeirização da economia, revolução técnico-científica, políticas socioeconômicas neoliberais, internacionalização extensiva e impetuosa de todas as relações sociais, debilitação da soberania e da autonomia deliberativa do Estados nacionais etc. Em contrapartida, houve o colapso do "socialismo real" soviético, no Leste europeu e em outras regiões, a desagregação da URSS (1991), o esgotamento de regimes nacional-libertadores, o perecimento dos partidos comunistas, a crise e metamorfose da social-democracia, do trabalhismo, da democracia-cristã, o debilitamento dos movimentos sindicais, além de outros fenômenos.

Evidencia-se, desse modo, que o processo de globalização, principiado naquela quadra histórica, envolveu e/ou requereu mudanças várias e substanciais: a) o movimento do capital ganhou velocidade excepcional e sua capacidade de reprodução foi potencializada — apensou, inclusive, Ocidente e Oriente; b) o mercado financeiro foi tornado global e virtual, e o fluxo de moedas e capitais alcançou agilidade exponencial; enormes somas monetárias e/ou financeiras passaram a circular pelo mundo, de forma virtual, sem se submeter à soberania e/ou às fronteiras dos Estados nacionais, burlando a tributação e o controle dos bancos centrais

(BELLUZZO, 2009) — "grandes empresas americanas registraram mais lucros em pequenos paraísos fiscais (Bermudas, Caribe Britânico, Irlanda, Luxemburgo, Holanda, Cingapura e Suíça) do que em grandes economias (China, França, Alemanha, Índia, Itália e Japão)" (WOLF, 2019, p. A13); c) a circulação de mercadorias e capitais, o deslocamento de indivíduos e grupos, em todas as direções e regiões, criaram condições para a desterritorialização econômica e o desenraizamento cultural e identitário, desalinhando ou dissipando fronteiras, reais ou imaginárias; d) as relações de trabalho, a sociabilidade e a representação, os meios de comunicação viram-se drasticamente alterados e transtornados; e) a redefinição das atribuições e soberania dos Estados nacionais — como unidades geopolíticas, como espaços da livre circulação de mercadorias (entre as quais a mão de obra), como mercados internos (complexa rede de relações sociais mercantilizadas), mediadas e geridas por um poder soberano e como "comunidades imaginadas" (ANDERSON, 1989, p. 14-16) — levou à corrosão da autoridade e da jurisdição, à efemeridade das instituições de representação e deliberação, fragilizando a sociedade civil e política (parlamento e judiciário, governos e órgãos ou instituições, partidos e sindicatos, movimentos e organizações, associações e imprensa, igrejas e ordens, escolas e agrupamentos culturais, clubes e grêmios etc.) — o alcance e o significado dos valores democráticos e dos direitos de cidadania foram obstados ou mesmo constrangidos.

Demais disso, de acordo com a lógica da globalização, desencadeou-se uma forte ofensiva político-ideológica a favor da desregulamentação e eliminação de barreiras e/ou supressão de quaisquer obstáculos à liberdade das mercadorias e à sua livre circulação, conforme os interesses dos grandes conglomerados multinacionais com sede nos Estados Unidos, na Europa, no Japão, na China e alguns outros — em consonância, restringiu-se a ação de Estados nacionais periféricos àqueles, submetidos progressivamente aos mercados financeiros globais. Nesse processo, algumas "das características clássicas do Estado-nação parecem modificadas ou radicalmente transformadas", de forma que "a soberania do Estado-nação não está sendo simplesmente limitada, mas abalada pela base" (IANNI, 1995, p. 48-49, 34), mostrando-se "materialmente limitados em sua autonomia decisória" (FARIA, 1999, p. 23).

> Uma das facetas mais conhecidas desse processo de redefinição da soberania do Estado-nação é a fragilidade de sua autoridade, o exaurimento do equilíbrio dos poderes e a

> perda de autonomia de seu aparato burocrático, o que é revelado pelo modo como se posiciona no confronto entre os distintos setores econômicos (sejam eles públicos ou privados) mais diretamente atingidos em termos positivos ou negativos, pelo fenômeno da globalização [...] uma outra faceta desse processo de recomposição do sistema de poder do Estado-nação são as recorrentes discussões sobre o sentido, o alcance e o *locus* da democracia representativa no âmbito da economia globalizada; sobre a substituição da política pelo mercado como fator determinante do "âmbito público"; sobre a erosão dos distintos mecanismos de formação da identidade coletiva forjados pela modernidade; sobre os novos tipos de sociabilidade gerados pela mercantilização das mais diversas relações sociais; sobre o impacto fragmentador ocasionado pela diversidade de ritmos, dinâmicas e horizontes temporais com relação às percepções da história de um futuro nacional; sobre a efetividade da representação parlamentar; e, por fim, sobre o caráter cada vez mais difuso e menos transparente da elaboração de regras jurídicas em matéria econômica, monetária, financeira, cambial, industrial e comercial. (FARIA, 1999, p. 25, 28).

Mas, se a globalização tem corroído e reordenado os poderes dos e nos Estados-nações, promovido e intensificado o movimento de mercadorias e capitais, de povos e etnias, em todos os países e continentes, é também realidade inconteste que tem afetado duramente o exercício dos direitos de cidadania. Como eles foram instituídos em outro momento e realidade — pelo menos muitos deles, variando em grau e extensão —, no espaço-geopolítico de cada país e como prerrogativa dos nacionais ou nativos, o migrante e o refugiado, o estrangeiro ou mesmo o descendente não são considerados cidadãos plenos ou, em muitos casos (os "ilegais" por exemplo), nem mesmo parciais. Ou seja, se, por um lado, a globalização promoveu, por meios os mais variados — econômicos ou culturais, pacíficos ou pelo desterro, autorizados ou inválidos —, o deslocamento de indivíduos e mão de obra, por outro não resolveu a contento o problema da extensão e do exercício dos direitos de cidadania do adventício. Assim, ao mesmo tempo que criou um mercado mundial de produtos, capital e mão de obra, não estabeleceu os pressupostos mínimos para a criação do "cidadão-mundo".

Fato esse que tem se constituído em elemento perturbador nas relações econômicas e políticas internacionais e nas esferas nacionais, como tem contribuído para incentivar a discriminação e a opressão étnico-cultural e incitar o reavivamento de ideologias políticas e religiosas, nacionalistas e xenófobas, conservadoras ou regressistas, intolerantes e anti-humanistas. É o caso, por exemplo, de seitas islâmicas jihadistas, de igrejas neopentecostais fundamentalistas (empresariais, de negócio, de mercado), de grupos e partidos de extrema direita, tradicionalistas e/ou hiperconservadoras que vicejam mundo afora, na Ásia, na África, na América Latina, nos Estados Unidos e na Europa em especial.

Nessas circunstâncias, houve um deslocamento abrangente da indústria e dos serviços para a periferia do capitalismo (para a Ásia principalmente), transferindo empregos e capital, com diminutos custos tributários e trabalhistas, poucas exigências de reposição ambiental e de alta rentabilidade. No sentido inverso, os contínuos fluxos migratórios da Ásia, Oriente Médio, África e América latina para a União Europeia, Reino Unido e Austrália, Estados Unidos e Canadá permitiram a constituição de um exército de trabalhadores disponíveis, informais e precarizados. Concomitantemente, à introdução de novas tecnologias e métodos de gestão, promoveu-se a reestruturação da produção e circulação de mercadorias, além da reconfiguração das relações entre capital e trabalho — a desvalorização da força de trabalho, terceirização, informalização, a eliminação de profissões tradicionais e a automação, somados à "desindustrialização" (declínio da grande indústria manufatureira) e outros fatores, geraram uma massa de trabalhadores excluídos por não se adequarem às novas exigências de um mercado de trabalho altamente competitivo e especializado. Demais disso, a "vida social se fragmentou, o mundo do trabalho foi desarticulado e se viu na defensiva, com suas formas associativas tradicionais" (HENRIQUES, 2018, p. 66).

A propósito, é fato notório que o processo de globalização é também, simultaneamente e em grande medida, um processo de americanização do mundo — anunciado e/ou iniciado já nas primeiras décadas do século passado —, de expansão não só de capitais e mercadorias, mas igualmente de disseminação de valores e/ou *ethos* da cultura política e da ordem norte-americana. Impulsionada pelos Estados Unidos e por potências europeias (Inglaterra, França, Alemanha), por organismos internacionais e conglomerados monopolísticos multinacionais, possibilitou, pelo menos em sua fase primeira, que os seus maiores beneficiários fossem, paradoxalmente, países do Oriente asiático: China, Vietnã, Índia, Coreia do Sul, Taiwan, Tailândia, Malásia e Indonésia; além de Hong Kong e Cingapura, transformados em importantes praças do capital financeiro mundial — alguns deles denominados "tigres asiáticos". Neles foram aportados incomensuráveis volumes de investimentos de capital e tecnologias, criando condições para, em um curto espaço de tempo, tornarem-se grandes produtores de bens de consumo duráveis e/ou não duráveis a baixos custos relativos — alguns se transformaram em significativos geradores de inovações técnico-científicas em setores-chaves da indústria das telecomunicações, bioquímica, informática, automação etc. Houve, enfim, ampla internacionalização das cadeias produtivas.

Em congruência com a conversão do capitalismo — expresso na globalização e no incremento das forças produtivas e das relações sociais — e como elemento constitutivo do mesmo processo, foi concebida a política socioeconômica neoliberal. Idealizada como reação e/ou contraponto à economia política keynesiana, ao *Welfare State* e ao projeto social-democrata, logo foi tornada ideia-força, materializada como diretiva de Estado, inicialmente em alguns países por meio de seus respectivos bancos centrais — a exemplo do Departamento do Tesouro dos Estados Unidos — e a seguir universalizada pela ação de organismos internacionais como Bird, FMI, BID, OCDE e outros. Foi depois sistematizada em documento denominado Consenso de Washington de 1989. Seus princípios fundamentais tornaram-se, nas últimas décadas, uma espécie de manual ou mesmo cartilha de dirigentes de bancos centrais e outros órgãos de Estado, de economistas de instituições financeiras e de agências de consultoria, de comentaristas ou articulistas da mídia (impressa, televisiva, internet etc.), dos currículos de cursos universitários de economia e administração, além de outros meios, transformada em ideologia político-econômica.

Seus ideólogos principais foram F. Hayek — cujo livro **O caminho da servidão** (1944) teve grande incidência teórico-política nos anos 1970/90 —, acompanhado por seu discípulo M. Friedman. Suas proposições estavam assentadas em alguns princípios capitais: a) na defesa do livre mercado, pois sua regulação pelo Estado cerceava a liberdade de circulação de mercadorias; b) a intervenção estatal na economia obstaculizaria a livre concorrência, os lucros das empresas, a acumulação de capital e, portanto, os investimentos e o desenvolvimento; c) a desregulamentação das relações de trabalho e o livre arbítrio do mercado na compra e venda da força de trabalho, sem a mediação do Estado e/ou dos sindicatos; d) a redução dos impostos (progressivos) para as empresas; e) a privatização de empresas de serviços públicos; f) a contenção dos gastos públicos com benefícios sociais e/ou assistenciais — educação, saúde, previdência, salário desemprego etc. —; g) a imposição de limites à intervenção dos sindicatos e aos movimentos reivindicativos; h) a limitação do igualitarismo, inibidor da liberdade; i) o combate ao *establishment* e adoção da antipolítica como norma; j) a defesa da redução do aparato estatal e refreamento de políticas públicas, estabelecendo um Estado mínimo — essas medidas seriam justificadas, pois as políticas públicas ampliadas ocasionavam a expansão "do *déficit* público, a inflação, a redução da poupança privada, o desestímulo ao trabalho e à concorrência, com a consequente diminuição da produtividade" (DRAIBE, 1993, p. 90); k) a valorização do individualismo utilitarista e dos interesses particularistas, da competição e da eficiência, isto é, do incentivo ao individualismo possessivo e ao egoísmo frio e calculista, à mercantilização de todas as relações sociais, envolvendo mesmo a sociabilidade e a condição humana — "privatização da vida e expropriação do espaço público" (PORTANTIERO, 1997, p. 7); l) o intento de exumação do darwinismo social. Enfim, o neoliberalismo representou a "celebração do mercado, as virtudes do livre empreendimento e a ganância sem limites" (MILIBAND, 1992, p. 22).

Na passagem das décadas de 1970/80, o neoliberalismo foi convertido em política de Estado — após ter sido incubado e/ou testado no regime ditatorial, chefiado por A. Pinochet, no Chile (1973/90) — com a ascensão ao poder, na Inglaterra, do Partido Conservador sob o comando de M. Thatcher; do Partido Republicano nos Estados Unidos com a eleição de R. Reagan; e da União Democrata-Cristã na Alemanha com H. Kohl. Nos anos seguintes, num "efeito dominó", partidos ou coligações conservadoras conquistaram o poder em diversos países — à exceção da Suécia, Áustria e mais alguns poucos —, deslocando ou submetendo partidos social-democratas, trabalhistas, socialistas ao projeto socioeconômico de extração neoliberal.

Os regimes de *Welfare State*, geridos por partidos social-democratas ou trabalhistas, foram duramente afetados em suas conformações e desígnios — enfraquecimento do movimento sindical, da imprensa socialista, decréscimo eleitoral, da representação e influência sociopolítica dos partidos de esquerda. Nessas circunstâncias, "os partidos de esquerda perderam o controle sobre a crise, adotando políticas neoliberais mesmo quando no poder" — de fato, os "sindicatos perderam muito de sua capacidade de organizar e disciplinar os trabalhadores"; e, concomitantemente, os partidos social-democratas, trabalhistas e ex-comunistas "perderam suas raízes de classe e, com elas, sua distinção ideológica e política", e a consequência "dessa mudança é o aumento acentuado da desigualdade de renda" (PRZEWORSKI, 2019, p. 6). Ou ainda, a partir da década de 1980, "com o assalto em grande escala do neoliberalismo contra o sistema keynesiano de Estado de bem-estar social, os partidos socialdemocratas se perderam totalmente" (ELEY, 2005, p. 455, 569).

Movido pela lógica da economia política neoliberal, o processo de globalização e de reestruturação do capitalismo resultou na subtração de direitos de cidadania, em especial os sociais; na contenção de políticas públicas em geral; no aviltamento da renda e no aumento da desigualdade e da iniquidade; na insegurança e na instabilidade; na erosão de identidades coletivas e na perturbação da sociabilidade. Isso implicou a reversão da tendência ao estabelecimento de políticas públicas de promoção da igualdade e da justiça social.

> No núcleo europeu, a disponibilidade de empregos diminuiu; a redução na desigualdade de rendimentos, especialmente a remuneração feminina, foi em geral paralisada ou revertida, como aconteceu com a tendência crescente de gastos no estado de bem-estar social. A progressividade do sistema de tributação foi reduzida; houve grandes ganhos de capital de ações e a pobreza esteve em alta. (GLYN, 1995, p. 80).

À vista disso — globalização, reestruturação capitalista, desindustrialização (em particular a indústria metalomecânica), automação, derrocada do sistema de produção e acumulação fordista-taylorista, metamorfose do proletariado em sentido lato, crise do Estado de bem-estar social e outros fatores —, o projeto socialista foi inexoravelmente abalado em seus fundamentos básicos: símbolos, princípios, agentes ou sujeitos, organizações, tradições, doutrinas e diversos outros elementos constitutivos de sua práxis e cultura política. Nessa circunstância histórica adversa e restauradora, "palavras como 'socialismo', 'democracia' e 'liberdade' estão sendo arrancadas de sua história particular e traduzidas de forma irreconhecível" (ELEY, 2005, p. 572).

Um experimento foi feito pelos partidos social-democratas, trabalhistas, socialistas ex-comunistas e outros correlatos, denominado "terceira via". Consistiu em construir uma alternativa exequível, um meio-termo entre o Estado de bem-estar social e o liberalismo. Visava, de fato, conciliar liberalização do mercado com justiça social. "Tendo abandonado o coletivismo, a política da terceira via busca um novo relacionamento entre indivíduo e comunidade, uma redefinição de direitos e obrigações"

(GIDDENS, 1999, p. 75). Isto é, forjar uma política assertiva capaz de fazer frente às transformações em andamento e que afetavam os direitos de cidadania e, de outro modo e em decorrência, corroíam suas bases sociopolíticas e eleitorais. O projeto da terceira via foi testado, na passagem do século XX para o XXI, de formas diversas, a depender das condições histórico-políticas de cada um dos países e com resultados desiguais — na Inglaterra pelo Labour Party, na Alemanha pelo SPD, na França pelo Partido Socialista, na Itália pela Oliveira (Partido de Esquerda Democrática e mais 12 partidos), nos Estados Unidos pelo Partido Democrata, no Brasil pelo Partido da Social Democracia Brasileira e pelo Partido dos Trabalhadores, no Uruguai pela Frente Ampla, no Chile pela Consertación (Partido Socialista, Partido Democrático Cristão, Partido Radical Social--Democrata e Partido pela Democracia), na África do Sul pelo Congresso Nacional Africano, bem como em outros países com alguma tradição social-democrata ou trabalhista.

Um ensaio de atualização e aprimoramento da terceira via foi realizado recentemente (2024) num congresso que reuniu economistas de extração neokeynesiana, de muitos países e universidades (Thomas Piketty, Mariana Mazzucato, Dani Rodrik e dezenas de outros), que elaboraram a Declaração de Berlim — documento crítico ao Consenso de Washington (1989) que sistematizou as prescrições neoliberais, transformadas em receituário de órgãos financeiros internacionais (FMI e outros) —, em defesa do Estado de direito democrático, da globalização administrada, da redução das desigualdades, de políticas industriais inovadoras, de defesa do meio ambiente etc. (RODRIK, 2024, p. A18).

Simultâneo ao processo de desestabilização do *Welfare State* e da erosão da social-democracia e do trabalhismo, houve o colapso do socialismo real na União Soviética, no Leste europeu e em outras partes do mundo (Ásia, África, América Latina, Oriente Médio).

O socialismo soviético, e suas variantes, cada uma com suas particularidades, já há tempos vinha manifestando sinais claros de fadiga — desde, pelo menos, fins dos anos 1960 ou em alguns casos anteriores, como, por exemplo, na revolta operária na Alemanha do Leste em 1953, na rebelião húngara de 1956, na "Primavera de Praga" em 1968, na contestação do regime na Polônia em 1980/1, além do socorro militar ao recém-instaurado Estado "socialista" no Afeganistão em 1979/ 89. Na realidade, já em 1968, "o comunismo havia perdido seu atrativo na Europa e no Ocidente em geral" (HELLER, 1992, p. 15).

A natureza inerente do Partido/Estado soviético e dos demais países do socialismo real do Leste europeu era, sem dúvida, o autoritarismo burocrático. Gerido por uma elite dominante antiquada e sem credibilidade, incapaz de tornar-se dirigente e com concepções de mundo imutáveis, só podia se manter no poder por meio da coerção. De fato, formalmente a economia soviética como um todo ou em seus múltiplos aspectos era propriedade social, gerida pelo Estado/Partido. Entretanto, a "máquina burocrática que gerenciava a 'riqueza comum' impôs sua própria concepção de Estado e transformou-se no seu único representante". Logo, "a propriedade da economia e de outros bens nacionais estava nas mãos do Estado, o que, na prática, significava a cúpula de sua burocracia" (LEWIN, 2007, p. 453, 461).

O socialismo soviético, referência e paradigma para o "campo socialista" constituído no pós-guerra (1945), encontrava-se em processo de estagnação desde, pelo menos, a década de 1970. Na década seguinte (1980) exteriorizou, de forma nua e crua, os problemas acumulados ao longo do tempo, mas camuflados e/ou dissimulados, que, por sua vez, desembocariam numa crise aguda e sem precedentes.

> A propaganda do sucesso, real ou imaginário, estava ganhando terreno. Os elogios e o servilismo foram encorajados; as necessidades dos trabalhadores comuns, geralmente ignoradas. Nas ciências sociais, a teoria escolástica foi estimulada e desenvolvida; o pensamento criativo, expulso, declarando-se juízos voluntaristas e supérfluos como verdades incontestáveis. As discussões científicas e teóricas, indispensáveis ao desenvolvimento do pensamento e ao esforço criativo, foram emasculadas. Tendências negativas semelhantes também influenciaram a cultura, as artes e o jornalismo, bem como os métodos de ensino e a medicina, onde a mediocridade, o formalismo e o panegírico retumbante vieram à tona [...] O alcoolismo, o consumo de drogas e o crime aumentaram. (GORBACHEV, 1987, p. 20-21).

Aqueles problemas poderiam, resumidamente, ser enumerados em alguns itens: a) crise econômica decorrente do planejamento ultracentralizado, burocrático e ineficiente; b) dependência da exportação de recursos naturais (50%), como petróleo e gás (AGANBEGUIÁN, 1991, p. 25); c) sistema produtivo (agricultura, indústria) extensivo e de baixo padrão técnico; d) concentração da indústria na produção de equipamentos e insumos bélicos (40%) — complexo industrial-militar; e) produção de bens de consumo duráveis e não duráveis de baixa qualidade; f) obsolescência das forças produtivas; g) desequilíbrio nas relações sociais de trabalho, provocando diminuta produtividade econômica; h) inércia e rotina burocrática do *apparatchiks* e da nomenclatura na administração do "colosso burocrático" — "burocracia que governava o Estado acabou virtualmente proprietária dele" (LEWIN, 2007, p. 418), ou seja, privatizou o Estado; i) mal-estar social induzido pelas formas de gestão do Estado providência e as políticas públicas por ele implementadas — em muitas esferas do aparato administrativo "surgiu o desrespeito pela lei e o encorajamento de trapaças e suborno, servilismo e glorificação" (GORBACHEV, 1987, p. 22); j) descontentamento difuso ou, quando não, apático pelo bloqueio das expectativas de mudanças; k) esgarçamento do consenso social imposto coercitivamente e quebra da frágil legitimidade sociopolítica derivada, em boa medida, da ética da conveniência que embasava a práxis política dos dirigentes; l) cinismo dos donos do poder, manifesto na impostura política e na frivolidade no trato da coisa pública; m) conversão em mera formalidade ideológica dos princípios, símbolos, lemas, doutrina, rituais, atos solenes, efemérides, heróis — tornaram-se notórios "os sintomas da degradação moral e da erosão dos ideais revolucionários e valores socialistas" (GORBACHEV, 1987, p. 24); n) reivindicações coibidas de liberdade de opinião, de organização, de locomoção, de ações e/ou manifestações políticas não oficiais, além de outros direitos de cidadania, civis e políticos; o) censura e perseguição a cientistas, intelectuais e artistas divergentes, como J. Brodsky, A. Soljenitsin, R. Medviédev, A. Sakharov e muitos outros; p) ressentimentos étnicos e religiosos, culturais e políticos, potencializados pela opressão, anexações, remoções, russificação, indutores do renascimento de nacionalismos, crenças religiosas, aspirações à autodeterminação nas repúblicas e regiões autônomas, compostas por mais de uma centena de etnias com línguas e dialetos próprios; q) elevados e cada vez mais insustentáveis custos financeiros e militares para a sustentação de regimes ou movimentos socialistas e/ou de libertação nacional no terceiro mundo: Coreia do Norte, Vietnã, Laos, Afeganistão, Iêmen do Sul, Angola, Moçambique, Guiné-Bissau, Etiópia, Cuba e outros Estados de sua área de influência — além desses Estados-satélites, arcava, de outro modo, com a tradicional ajuda aos "partidos-irmãos", por meio de remessas para custeio de quadros profissionais, de imprensa, organização de movimentos culturais, sindicais, juventude, luta pela paz, solidariedade internacional e diversas outras atividades (financiamento de viagens para a "pátria-mãe", para a participação em festivais e congressos, para estudos no Instituto de Ciências Sociais, na Universidade Patrice Lumumba e outras instituições etc.); r) cultura política despótica e providente, inflexível e inerte, entranhada nos poros do ser social e nas relações humanas, a obstar possíveis reorientações sociopolíticas. Certamente havia outros componentes e fatores estruturais responsáveis pela crise e bancarrota do socialismo na URSS e, da mesma forma, em outros países do campo do socialismo realmente existente.

Após quase duas décadas de paralisia e/ou decadência — denominada era Brejnev (1964-82) —, teve início um movimento mudancista com a ascensão ao topo do poder do Partido/Estado soviético de I. Andropov, ex-chefe da KGB. Tomou algumas iniciativas para renovar a direção do PCUS, melhorar a gestão estatal e de redirecionamento das ações socioeconômicas — sua permanência no cargo foi, porém, breve, vindo a falecer pouco mais de um ano depois; foi substituído pelo conservador K. Tchernenko, que também teve vida curta, vindo a morrer no início de 1985. Foi sucedido por um núcleo dirigente mais jovem e dinâmico, sob a liderança de M. Gorbachev, que desencadeou um processo de transformação ousado e de proporções inauditas.

Transformações que objetivavam, fundamentalmente, revigorar e/ou atualizar o socialismo soviético — seus emblemas basilares, expostos no XVII Congresso do PCUS realizado no início de 1986, eram Perestroika (reestruturação) e Glasnost (transparência). A primeira implicava a superação do "sistema de gestão burocrática e autoritária", a introdução de "um organismo social democrático e de autogestão" (GORBACHEV, 1990, p. 12). Já a segunda tinha como propósito a transparência nas decisões do Estado, a liberdade de expressão e o direito à informação sem censura, a garantia de direitos civis e políticos etc. (HIRST, 1992, p. 181).

Pressupunha, como indicava suas formulações — abalizadas nas resoluções da XIX Conferência do PCUS de maio de 1988 —, "a democratização da vida política do país e do próprio partido", a dissociação "entre os poderes do Estado e do PCUS", restabelecimento dos "plenos poderes dos sovietes", outorgando "a eles a autoridade suprema na condução dos negócios de Estado e subordinando-lhes nos vários níveis de competência — União, Repúblicas, Regiões, cidades — os correspondentes Comitês Executivos" (POMERANZ, 1990, p. 36).

Envolvia, além disso, o estabelecimento da autogestão, a introdução de cooperativas, da propriedade social não exclusivamente estatal, a criação de um mercado regulado, a formação de uma sociedade civil emancipada, a realização de eleições para o legislativo — que substituiu o Soviete Supremo —, com a participação de candidatos independentes, a elaboração de um novo Tratado da União instituindo uma federação com soberania das repúblicas soviéticas, negociação do encerramento da Guerra Fria com as potências ocidentais (Estados Unidos, Inglaterra, França, Alemanha), o descarte da Doutrina Brejnev (direito e obrigação de solidariedade entre os países do socialismo real ou do Pacto de Varsóvia para impedir possíveis atos considerados "contrarrevolucionários"), entre outras iniciativas mudancistas.

Todas essas iniciativas transformistas, postas em prática sob a liderança de Gorbachev, não foram determinações "de um líder inspirado" e/ou resoluto (MILIBAND, 1992, p. 26). Foram, na realidade, resposta à situação de deterioração socioeconômica e de anomia política (inércia, crises, tensões, antagonismos) do socialismo soviético, elaborado e concebido — como projeto e/ou prospectiva sem planejamento plausível e determinado — por um núcleo do Estado/Partido, operado desde cima e de modo açodado.

Contudo, as reformas — conduzidas de maneira voluntariosa e com rumos incertos —, ao promoverem mudanças estruturais na organização do poder e nas relações sociais em sentido lato, desorganizaram ainda mais a economia, afetaram interesses consolidados, solaparam a rotina burocrática, desestabilizaram a cultura política e a práxis autoritária; enfim, ao subverter os fundamentos — "desmoronamento da autoridade e do establishment e a perda de confiança em si mesmas das elites políticas" (PONS, 2014, p. 547) — do Estado/Partido soviético, construído ao longo de sete décadas, sem apresentar alternativa factível, criaram uma situação anômala. Demais disso, liberaram forças latentes que seriam os agentes a operar seu desmonte.

> A *perestroika*, descentralizando radicalmente a administração econômica com a concessão de autonomia às empresas, por um lado desmontou o sistema de planejamento centralizado existente e quebrou sua capacidade de mobilização em moldes quase militares, sem ter criado mecanismos de mercado que tornariam viável essa autonomia. (POMERANZ, 2018, p. 158).

Naquelas circunstâncias histórico-políticas, foram engendrados pressupostos para a desintegração do vasto Estado supranacional soviético, mantido a ferro e fogo pela autocracia dominante russa em situação de superioridade sobre as demais repúblicas e regiões. Por conseguinte, foram suscitados e/ou despertados ressentimentos e problemas, postulações e aspirações acumuladas durante décadas ou mesmo seculares de natureza étnicas e/ou nacionais, religiosas, culturais, linguísticas e de *habitus*. Decorrente desse processo, na passagem das décadas de 1980/90, já se tornara tendência possível a saída da União das três repúblicas bálticas (Estônia, Lituânia e Letônia), da Geórgia, da Armênia e da Moldávia.

O último recurso para manter a unidade da URSS foi a tentativa de Gorbachev de estabelecimento do federalismo com a soberania das 15 repúblicas — impedida, no entanto, por um ensaio golpista de uma facção do PCUS. Fracassado o golpe, seus desdobramentos culminaram com a autoproclamada independência da República da Rússia, sob o comando de uma fração — de tendência "liberal-populista", chefiada por B. Yeltsin — do PCUS, seguida pelas demais. Muitas delas foram capturadas por ex-dirigentes comunistas integrantes de autocracias despóticas.

A Federação (República) Russa foi a principal herdeira da URSS. A bandeira tricolor substituiu a soviética e a "velha águia imperial de duas cabeças voltou como símbolo do Estado" (FITZPATRICK, 2023, p. 220). Uma nova Constituição foi concebida "como instrumento regulador das relações sociais e políticas do país", e a privatização da propriedade social ou estatal institucionalizou a "estrutura de comando administrativo de uma economia de mercado". Essas ações, por sua vez, criaram as condições para "o surgimento dos grandes grupos econômico-financeiros privados", muitos deles compostos por membros do aparato burocrático do Estado/Partido.

> Como corolário, surgiu uma nova estrutura social, com o empobrecimento da grande maioria da população destituída de capital e um sistema político dominado pelos interesses dos grupos econômicos oligárquicos. (POMERANZ, 2018, p. 236-237).

A partir de 1999, com a ascensão meteórica de V. Putin ao poder, teve início a ofensiva contra a influência dos novos ricos (oligarcas) e a retomada do controle estatal de empresas privatizadas, sobretudo das de extração mineral como petróleo e gás, além do sistema financeiro —

procurou também "corrigir os excessos de 'capitalismo selvagem'" (FITZPATRICK, 2023, p. 225). Investido de poderes autocráticos (híbrido de czarismo e stalinismo) absolutos, restaurou a influência da Igreja Ortodoxa, o nacionalismo grão-russo e a manutenção, a ferro e fogo, da unidade da Rússia, como ficou demonstrado no caso exemplar da Tchetchênia e de outras regiões "autônomas" e, recentemente, com a invasão da Ucrânia.

É pertinente, por outro lado, constatar que as intervenções mudancistas não "significaram liquidar o universalismo ligado ao mito da Revolução de Outubro" (PONS, 2014, p. 540) — pretendia-se, de início, a correção das anomalias do sistema ou, ainda, o *aggiornamento* do socialismo soviético. Porém, enfrentando pressões dos mais variados tipos, da burocracia estatal e partidária, da oposição sociopolítica, étnicas e religiosas, de interesses políticos (em geral escusos) regionais e/ou locais e da exasperação popular — além de estados e forças econômicas-financeiras do Ocidente —, a Perestroika e a Glasnost simplesmente colapsaram. Sem apoio minimamente significativo no PCUS e no Movimento Comunista Internacional, as bases sobre as quais o projeto reformista estava assentado foram, aos poucos, sendo corroídas. No Natal (25/12) de 1991, a URSS foi extinta, acompanhada pelo colapso do socialismo real — muito poucos foram os partidos comunistas, no poder ou não, que apoiaram os desígnios renovadores, à exceção do italiano, do japonês, do brasileiro e mais um ou outro com alguma reserva.

Por outro lado, razoavelmente bem-sucedida no plano da *realpolitik* internacional, a política externa gorbacheviana não mediu esforços no sentido de distender ou despolarizar o relacionamento entre a União Soviética e os Estados Unidos e Europa Ocidental, visando pôr fim à Guerra Fria — permitiu não só a realização de acordos de desarmamento (em especial de armas nucleares), mas criou a possibilidade de convívio pacífico, de colaboração e de uma geopolítica multipolar.

Essas tratativas consentiram a "liberdade de escolha" de caminhos aos países componentes do Pacto de Varsóvia, libertos da ingerência e/ou intervenção soviética. E, de outro modo, "o grupo dirigente gorbacheviano registrava o fim do comunismo internacional, ocorrido havia tempo, e constatava que a ideia de comunismo reformado era incompatível com aquela noção" — os vínculos de interdependência "entre o Estado soviético e o movimento comunista perdia definitivamente o significado" (PONS, 2014, 542-3).

Fato esse que induziu movimentações disruptivas nos países com regimes de socialismo real do Leste, satélites (Alemanha Oriental, Polônia, Tchecoslováquia, Hungria, Bulgária) ou não (Iugoslávia, Albânia e Romênia) da URSS.

> O movimento por amplas mudanças teve início nos dois países que ao longo dos anos haviam demonstrado de maneira mais contundente tendências reformistas: Hungria e Polônia. Desde que a Primavera de Praga fora esmagada, ambos eram os países do Pacto de Varsóvia com maior probabilidade de adotar mudanças. A Polônia fez isso drasticamente em 1980-81, e a ascensão do Solidariedade em desafio direto ao poder do partido-estado foi única na história dos sistemas Comunistas. Entretanto, depois da imposição da lei marcial na Polônia, a Hungria se destacou como o país mais relaxado da região a partir do início e até os meados dos anos 1980. (BROWN, 2011, p. 614).

No prolongamento desse movimento, o regime de socialismo real polonês foi, ao longo da década de 1980, sendo transfigurado pela ação do Solidariedade (composto por sindicatos, Igreja católica e outras entidades), quando, nos anos 1989-91, houve a transição do poder do Estado/Partido para a oposição, a liberalização política e a restauração do capitalismo. A Hungria, de modo correlato, operou uma passagem pacífica do poder e a instauração do Estado de direito democrático. Na Tchecoslováquia, no rastro dos movimentos transformistas do Leste europeu, o regime foi desmantelado sem grandes traumas ("Revolução de Veludo") e a seguir foi dividido em República Tcheca e República da Eslováquia; algo aproximado ocorreu na Bulgária. Já na Romênia — governada por uma autocracia familiar dos Ceausescu — o regime foi derrubado por uma rebelião de massas, violentamente reprimida pela polícia política (Securitate), e que culminou com o fuzilamento, por parte de agentes do próprio regime, de Nicolau e Helena Ceausescu.

Todavia, o caso mais traumático foi o da República Democrática da Alemanha (RDA) — o mais autoritário dos regimes do socialismo real do Leste, assistido por uma assombrosa e onipresente Polícia de Segurança do Estado (Stasi) —, na qual o todo-poderoso Estado/Partido foi posto abaixo por um movimento de protesto, desencadeado por manifestações políticas e o êxodo em massa para o Ocidente e que redundou na "Queda do Muro de Berlim" e na unificação ou anexação da RDA pela República Federal da Alemanha.

A Albânia e a Iugoslávia, embora à parte do campo soviético, foram atingidas pelo "efeito dominó". Na Albânia, pequeno país dominado por uma autocracia tirânica, o regime comunista desagregou-se pela exaustão e foi substituído sem violência em 1991. A Iugoslávia, ao contrário, experimentou transição conturbada — após a morte de J. B. Tito em 1980, a federação foi sendo erodida pelo nacionalismo, ressuscitando a "balcanização", retroagindo à situação anterior à Primeira Guerra Mundial (1914) —, dando origem a várias repúblicas independentes e não mais socialistas, divididas por conflitos étnico-religiosos, linguísticos e culturais, econômicos e sociais. De modo que "a desintegração do Estado federal foi acompanhada de uma sucessão de guerras civis e 'limpeza étnica'" (BROWN, 2011, p. 634).

Na sequência do desmonte da União Soviética e dos escombros de seu Estado/Partido, conexo ao colapso do socialismo real no Leste europeu, os partidos comunistas foram perecendo, abrupta ou lentamente, ou metamorfoseando-se — caso do Partido Comunista Italiano, convertido no Partido Democrático Socialista e alguns outros —, assumindo cariz social-democrata, com "programas de justiça social e de defesa do que havia sobrado do Estado de bem-estar social" (ELEY, 2005, p. 556).

Os que se aferraram na manutenção da antiga tradição identitária com os preceitos soviéticos tornaram-se inexpressivos e/ou verdadeiras seitas milenaristas. De outro modo, os Estado/Partido comunistas, de extração marxista-leninista, seguiram caminhos diversos: a China, acompanhada depois pelo Vietnã, adotou modelo híbrido, combinando capitalismo de Estado com mercado regulado, propriedade social com empresas privadas nacionais e internacionais, acumulação originária de capital com produção extensiva e superexploração do trabalho, abundante e privado de direitos sociais fundamentais, além, obviamente, do controle sociopolítico exercido pelo Estado/Partido — em pouco tempo, centenas de milhões de camponeses foram transformados em um subproletariado sem proteção social ou garantias mínimas para sobrevivência (CHAOHUA, 2018); Coreia do Norte e Cuba — cada um a seu modo, regidos pelo regime de "ditadura do proletariado" e pela doutrina marxista-leninista, e com suas particularidades histórico-políticas — optaram pela conservação do padrão autoritário-burocrático, de feitio castrense, dirigidos por gerontocracias (ou dinastias) despóticas e hostis a qualquer tipo de dissenso, com rígido controle social — o fim da URSS privou-os dos subsídios com os quais se mantinham, redundando em exemplares da "miséria do socialismo real", lato sensu. Outros espécimes de Estado/Partido marxistas-leninistas foram transfigurados, com frequência, em ditaduras opressivas e/ou bizarras.

Na realidade, os esforços de renovação (Perestroika e Glasnost, Eurocomunismo e outro experimentos) do socialismo real ou ideal, ou mesmo de ressuscitá-lo (China, Vietnã etc.), não vingaram — seu tempo histórico havia se esgotado, ou seja, a época histórica do socialismo soviético, inaugurado em 1917/19 (Revolução de Outubro e *Komintern*), tornara-se pretérita. É possível que a globalização tenha tido, de outro modo, impacto "devastador sobre o comunismo no último quarto de século passado porque sua razão de ser e sua identidade já estavam corroídas e imprestáveis" (PONS, 2014, p. 566). Um importante historiador, no calor da hora, revelou em 1990 que aqueles acontecimentos convulsivos sinalizavam "o fim de uma era em que a história mundial girava em torno da Revolução de Outubro" — que ao longo de mais de sete décadas "os governos e as classes dirigentes ocidentais foram atemorizadas pelo fantasma da revolução social e do comunismo". Estávamos, de fato, "testemunhando não uma crise de um tipo de movimento, regime ou economia, mas seu fim" — aqueles Estado/Partidos todo-poderosos e inabaláveis "desmoronaram como uma casa de baralhos" (HOBSBAWM, 1992, p. 93, 96).

Se, até finais do século XIX, o socialismo não passava ainda de uma ideia nova, já em princípios — ou nas primeiras décadas — do século XX tornou-se uma ideia-força indiscutível. Movimento poderoso, converteu-se numa ameaça concreta e uma alternativa viável ao capitalismo e/ou à sociedade de classes, tendendo a indicar, de fato, o nascimento de uma nova era de esperança para as grandes massas de trabalhadores — possibilidade essa, de emancipação dos explorados e oprimidos, capaz de gerar um verdadeiro movimento épico, que atraiu e mobilizou milhões de indivíduos (homens e mulheres, operários e intelectuais, camponeses e artesãos e outros tipos de trabalhadores), crentes na criação de um "paraíso terrestre", equânime e fraterno.

No entanto, se, no limiar do século XX e nas décadas seguintes, o processo histórico parecia indicar que o capitalismo era transitório e destinado a perecer e o futuro (socialista) traçado, já em seu crepúsculo (1989/92), as circunstâncias sociopolíticas haviam se tornado extremamente adversas. O socialismo — tanto na versão social-democrata quanto na comunista — experimentava crise incontornável. Naquela conjuntura histórico-política, foi criada e amplamente difundida a versão segundo a qual aquela série de acontecimentos significaria a vitória terminante do liberalismo e do livre mercado, a universalização da civilização ocidental, "o ponto final da evolução ideológica da humanidade", a "forma definitiva de governo humano" — "o fim da história" (FUKUYAMA, 1992). Versão que se tornaria falaciosa em curtíssimo espaço de tempo; nas décadas seguintes o encadeamento de inúmeros e, mesmo, intermináveis conflitos das mais variadas ordens emergiu e/ou foi reavivado: crises econômicas (como, por exemplo, a desencadeada em 2008), atos terroristas, limpezas étnicas, ressurgimento de ideologias fundamentalistas e religiosas, xenófobas ou nacionalistas (extremistas), conservadoras e/ou regressistas, intolerantes e anti-humanistas, antidemocráticas e/ou autocráticas, racistas e/ou supremacistas, incíveis e opressivas, além da ascensão ao poder de forças políticas iliberais, populistas, reacionárias — foram, mesmo, liberados ou reavivados "espectros demoníacos" que pareciam estar em estado latente ou de dormência.

    Esses movimentos e organizações emergentes ganharam proeminência em muitos países nas diversas regiões e continentes, tendo em comum proposições *antiestablishment*, de negação dos valores e instituições da democracia liberal, de combate ao multiculturalismo (étnico e cultural), ao identitarismo (de gênero, de sexo e outros), na restrição aos direitos de cidadania (civis, políticos, sociais e outros) — suas concepções e práticas são, em geral, fundadas na recessão política e no déficit democrático, no populismo e na intolerância. Foram alçados ao poder nos Estados Unidos (Trump), Venezuela (Chávez/Maduro), Brasil (Bolsonaro), El Salvador (Bukele), Nicarágua (Ortega), Turquia (Erdogan), Polônia (Kuczynski), Hungria (Orban), Rússia (Putin), Índia (Modi), Filipinas (Duterte), Israel (Netanyahu), Inglaterra (Johnson), Itália (Salvini/Meloni) e outros mais ou menos notáveis. Múltiplas foram as causas e fatores responsáveis pela ascensão do populismo na era da globalização e da reestruturação capitalista, entre elas a insegurança — agravada pela crise econômico-financeira de 2008 —, que tornou os indivíduos "suscetíveis a apelos de políticos inescrupulosos à raiva e ao medo" (KAKUTANI, 2018, p. A17). Esse fenômeno tem sido analisado de formas diversas por intelectuais de variadas procedências e concepções teórico-políticas, entre eles Yascha Mounk (2019), Steven Levitsky e Daniel Ziblatt (2018), Manuel Castells (2017), Adam Przeworski (2020), David Runciman (2018), Timothy Snyder (2019) e muitos outros.

Outra versão, hiper-realista, daquela tese — do triunfo peremptório do livre mercado e de suas normas de gerência — é a de que não haveria alternativa factível de superação do capitalismo coetâneo, tal qual se apresenta. Isto é, o "domínio do capitalismo como a melhor, ou antes, a única maneira de organizar a produção e a distribuição parece absoluta" (MILANOVIC, 2020, p. 263).

De outro modo, um notável intelectual italiano, ex-membro do PCI e da direção do Instituto Gramsci, retomou e atualizou proposições já presentes nas análises de E. Bernstein e outros intelectuais socialistas e elaborou uma compreensão segundo a qual capitalismo e socialismo, por mais dessemelhantes que sejam entre si, não seriam antagônicos e/ou incompatíveis:

> Capitalismo e socialismo referem-se a dois planos diversos da realidade e não são comparáveis: o capitalismo é um modo de produção, o socialismo é um critério de regulação do desenvolvimento econômico, que, portanto, não se contrapõe ao primeiro, mas propõe-se a orientá-lo. (VACCA, 2009, p. 191).

Tese, de certo modo, contrastante foi enunciada pelo economista francês T. Piketty — indicou que

> [...] o Estado social e o imposto progressivo, uma vez levada sua lógica às últimas consequências, permitem estabelecer as bases de um novo socialismo democrático, autogestionário e descentralizado, fundado na circulação permanente do poder e da propriedade. (PIKETTY, 2022, p. 180).

Enquanto o Estado de bem-estar social vivia uma crise agônica, o socialismo real entrou em colapso na União Soviética, no Leste europeu e em outras paragens de forma rápida, fulminante e inesperada. Se, de um lado, as experiências social-democratas foram condenadas por excesso de direitos e inexequível com a acumulação e reprodução de capital, o comunismo foi tornado sinônimo e identificado — não só na propaganda conservadora e na mídia em geral, mas também no senso comum — com autoritarismo e opressão.

A crise do socialismo, derivada das vicissitudes do *Welfare State* e da tragédia do socialismo real, revelou, para a esquerda em geral ou como um todo, uma situação dramática e trouxe consigo problemas e elementos que abalaram os ideais socialistas, capazes de homologar e/ou legitimar, por um espaço temporal mais ou menos longo, o capitalismo da era da globalização, dominante no Ocidente (Estados Unidos, Canadá, Inglaterra e União Europeia) e no Oriente (Austrália, Japão, Coreia do Sul, China, Vietnã, Índia), principalmente. Do mesmo modo, esses fatos e fatores suscitaram processos e fenômenos perversos e atrozes, irracionais e incíveis de subtração de direitos e de aviltamento dos valores da democracia. Os ideais legados pela Revolução Francesa, desencadeada em 1789, de liberdade e igualdade, fraternidade e felicidade, convertidos em utopias emancipatórias factíveis pelos movimentos socialistas, parecem antidiluvianos nas circunstâncias histórico-políticas distópicas e/ou desventurosas.

Por conseguinte, a práxis e a cultura política tanto da social-democracia como do comunismo viram-se privadas de seus sustentáculos materiais — suas referências fundantes, como a potência conformadora do modo de produção de valorização do capital e de socialização do trabalho, tendo o proletariado como agente investido do poder transformador, foram desarranjadas. Em decorrência, socialistas e comunistas, de variadas colorações, desnortearam-se, perderam seus atrativos e/ou encanto (HABERMAS, 2009).

Enfim, o desenlace dramático dos estertores do socialismo real, em sincronia com os reveses do *Welfare State*, depreciou visceralmente "a imagem não apenas do socialismo, mas de todos os projetos políticos destinados a produzir uma sociedade ordenada racionalmente e gerida coletivamente" (SCHMITTER, 1992, p. 111).

Fenômeno este que implica, pelo menos, duas questões histórico-políticas basilares: quais as razões que impeliram os ideais socialistas a perderem, "de forma aparentemente irrevogável, o potencial inspirador que possuíram em outros tempos" e, outrossim, "quais as alterações conceptuais necessárias às ideias socialistas para que estas possam recuperar a virulência perdida" (HONNETH, 2017, p. 18).

Setores remanescentes do(s) movimento(s) socialista(s) têm procurado — porém, até o momento, com êxito diminuto —, ainda que de forma rudimentar, responder àquelas questões e outras postas pelas novas circunstâncias histórico-políticas e socioeconômicas no limiar do século XXI. Retomando determinadas formulações de dirigentes e/ou intelectuais social-democratas e comunistas — históricos e contemporâneos —, propugnam a atualização da utopia socialista por meio de projeto expresso em *uma política para a democracia*, apto a desenvolver elementos de socialismo, no seio do capitalismo, capaz de plasmar um futuro possível no presente ou, ao menos, de efetivar transformações que garantam a realização do ser social em condições de equidade e liberdade. Sua plataforma, indicam, deveria estar assentada em intervenções e/ou iniciativas, preceitos e valores, entre eles: na organização de originais formações políticas como sujeitos coletivos laicos e/ou ecumênicos, republicanos e internacionalistas; na atualização da práxis e da cultura política socialista; na socialização da política; na concepção e/ou reinvenção de organizações associativas de cunho corporativo e orientadoras de movimentos reivindicativos; no aprimoramento das instituições e fundamentos do Estado de direito democrático; na ampliação das liberdades em todas as esferas da sociabilidade; na democratização da sociedade civil e política; na contínua expansão dos direitos de cidadania — civis, políticos, sociais e outros (étnicos, gênero e sexo, da criança e do adolescente e do idoso, dos portadores de deficiências físicas e/ou cognitivas etc.); na publicização do Estado lato sensu; na reorientação de políticas econômicas: superação das múltiplas desigualdades na distribuição da renda e riqueza, reapropriação social do excedente gerado, criação de instrumentais de orientação pública da economia e sua reestruturação ecológica; no protagonismo político além dos espaços nacionais em questões, como meio ambiente, saúde pública (endemias e pandemias), migratórias, étnicas, religiosas, militares (guerra e paz) e muitas outras, como: segurança pública e criminalidade, tecnologias da informação e inteligência artificial, monopólios de patentes científicas, circulação descontrolada e extorsiva de capitais financeiros, rivalidades geopolíticas, emersão de forças políticas iliberais e/ou movimentos antidemocráticos etc.) — problemas que têm se multiplicado indefinidamente com o processo de globalização. Enfim, uma **política para a democracia** capaz de ultrapassar os limites ou fronteiras do Estado nacional, operada por gama profusa de novos e mesmo de tradicionais sujeitos coletivos, portadores de concepções e interesses os mais variados, mas imbuídos de valores seculares e republicanos, de liberdade e igualdade, de fraternidade e emancipatórios.

REFERÊNCIAS

ABENDROTH, Wolfgang. **História social do movimento trabalhista europeu**. Tradução de Iná de Mendonça. Rio de Janeiro: Paz e Terra, 1977.

ADLER, Max. **El socialismo y los intelectuales**. Traducción de Maria Cristina Oscos. México DC: Siglo Veintiuno, 1980.

AGANBEGUIÁN, Abel. La reforma económica en la Unión Soviética. **El Socialismo del Futuro**, Madrid, n. 3, p. 24-35, 1991.

AGGIO, Alberto. **Um lugar no mundo**. Brasília: FAP; Contraponto; Fondazione Istituto Gramsci, 2015.

ALEKSIÉVITCH, Svetlana. **O fim do homem soviético**. Tradução de Lucas Simone. São Paulo: Cia. das Letras, 2016.

ANDERSON, Perry. **Considerações sobre o marxismo ocidental**. Tradução de Marcelo Levv. São Paulo: Brasiliense, 1989.

ANDERSON, Perry. **Duas revoluções**: Rússia e China. Tradução de Hugo Mader e Pedro Davoglio. São Paulo: Boitempo, 2018.

ARICÓ, José. O marxismo latino-americano nos anos da Terceira Internacional. *In*: HOBSBAWM, Eric J. (org.). **História do marxismo**. Tradução de Luiz Sérgio Henriques. Rio de Janeiro: Paz e Terra, 1987. v. 8, p. 419-459.

AYERBE, Luís Fernando. **A Revolução Cubana**. São Paulo: Edunesp, 2004.

BAUER, Otto. **La cuestión de las nacionalidades y la socialdemocracia**. Traducción de Conrado Beretti e outros. México DC: Siglo Veintiuno, 1979.

BELLUZZO, Luiz Gonzaga. **Os antecedentes da tormenta**: origens da crise global. São Paulo: Edunesp/Facamp, 2009.

BERLINGUER, Enrico. **Democracia, valor universal**. Tradução, seleção e notas de Marco Mondaini. Brasília; Rio de Janeiro: FAP; Contraponto, 2009.

BERLINGUER, Enrico. **Do compromisso histórico ao eurocomunismo**. Tradução de Serafim Ferreira. Lisboa: Antídoto, 1977.

BERNAL, Martin. Mao e a Revolução Chinesa. *In*: HOBSBAWM, Eric J. (org.). **História do marxismo**. Tradução de Amélia Rosa Coutinho. Rio de Janeiro: Paz e Terra, 1987. v. 8, p. 375-417.

BERNSTEIN, Eduard. **Las premisas y las tareas de la socialdemocracia**. Traducción de Irene del Carril y Afonso G. Ruiz. México DC: Siglo Veintiuno, 1982.

BOBBIO, Norberto *et al.* **O marxismo e o Estado**. Tradução de Federica L. Boccardo e Renée Levie. Rio de Janeiro: Graal, 1979.

BOBBIO, Norberto. **A era dos direitos**. Tradução de Carlos Nelson Coutinho. Rio de Janeiro: Campus, 1992.

BOBBIO, Norberto. **Qual socialismo?** 2. ed. Tradução de Iza Salles Freaza. Rio de Janeiro: Paz e Terra, 1983.

BOFFA, Giuseppe. **Depois de Khruschov**. Tradução de Célia Neves. Rio de Janeiro: Civilização Brasileira, 1967.

BROWN, Archie. **Ascensão e queda do comunismo**. Tradução de Bruno Casotti. Rio de Janeiro: Record, 2011.

BUKHARIN, Nicolai. **Tratado de materialismo histórico**. Tradução de Edgard Carone. Rio de Janeiro: Laemmert, 1970.

CARR, Edward H. **La Revolución Rusa:** de Lenin a Stalin — 1917-1929. Traducción de Ludolfo Paramio. Madrid: Alianza, 1997.

CASTAÑEDA, Jorge G. **Utopia desarmada**. Tradução de Eric Nepomuceno. São Paulo: Cia. das Letras, 1994.

CASTELLS, Manuel. **Ruptura:** a crise da democracia liberal. Tradução de Joana Angélica d'Ávila Melo. Rio de Janeiro: Zahar, 2017.

CHAOHUA, Wang. O Partido e sua história de sucesso: uma resposta a "Duas revoluções". *In*: ANDERSON, Perry (org.). **Duas revoluções:** Rússia e China. Tradução de Hugo Mader e Pedro Davoglio. São Paulo: Boitempo, 2018. p. 57-75.

CLAUDIN, Fernando. **A crise do movimento comunista internacional**. Tradução de José Paulo Netto. São Paulo: Global, 1985. 2 v.

CLAUDIN, Fernando. **A oposição ao "socialismo real"**. Tradução de Felipe J. Lindoso. Rio de Janeiro: Marco Zero, 1983.

CLAUDIN, Fernando. Interrogações sobre o futuro da Revolução de Outubro. **Lua Nova**, São Paulo, v. 21, p. 115-140, set. 1990.

CLAUDIN, Fernando. **Marx, Engels y la Revolución de 1848**. Madrid: Siglo Veintiuno, 1975.

COLE, George D. H. **Historia del pensamiento socialista**: la Segunda Internacional — 1889-1914. Traducción de Rubén Landa. México DC: Fondo de Cultura Económica, 1975.

COUTINHO, Carlos Nelson. **Marxismo e política**. São Paulo: Cortez, 1994.

DAVIES, R. W. As opções econômicas da URSS. *In*: HOBSBAWM, Eric J. (org.). **História do marxismo**. Tradução de Luiz Sérgio Henriques. Rio de Janeiro: Paz e Terra, 1986. v. 7, p. 83-103.

DELFIM NETTO, Antonio. Somos todos marxistas. **Folha de São Paulo**, São Paulo, 17 jan. 2017. p. A2.

DESAI, Meghnad. **A vingança de Marx**. Tradução de Sérgio Bath. São Paulo: Codex, 2003.

DEUTSCHER, Isaac. **A revolução inacabada**: Rússia 1917-1967. Tradução de Álvaro Cabral. Rio de Janeiro: Civilização Brasileira, 1968.

DEUTSCHER, Isaac. **Marxismo, guerras e revoluções**. Tradução de Renato Aguiar. São Paulo: Ática, 1991.

DEUTSCHER, Isaac. **Stalin**: a história de uma tirania. Tradução de José L. de Melo. Rio de Janeiro: Civilização Brasileira, 1970. v. 1.

DRAIBE, Sônia. As políticas sociais e o neoliberalismo. **Revista USP**, n. 17, p. 86-101, mar./maio 1993.

ELEY, Geoff. **Forjando a democracia**: a história da esquerda na Europa, 1850-2000. Tradução de Paulo C. Castanheira. São Paulo: Fundação Perseu Abramo, 2005.

ENGELS, Friedrich. Do socialismo utópico ao socialismo científico. *In*: MARX, Karl; ENGELS, Friedrich. **Textos**. São Paulo: Sociais, 1975. v. 1, p. 5-60.

ENGELS, Friedrich. Carta a Joseph Bloch. *In*: MARX, Karl; ENGELS, Friedrich. **Cartas filosóficas e outros escritos**. São Paulo: Grijalbo, 1977a. p. 34-36.

ENGELS, Friedrich. Introdução. *In*: MARX, Karl. As lutas de classe em França de 1848 a 1850. **Textos**. São Paulo: Sociais, 1977b. v. 3, p. 93-110.

ESPING-ANDERSEN, Gosta. O futuro do *Welfare State* na nova ordem mundial. s/t. **Lua Nova:** Revista de Cultura e Política, Cedec, p. 73-111, 1995.

FARIA, José Eduardo. **O direito na economia globalizada**. São Paulo: Malheiros, 1999.

FEHÉR, Ferenc. Las tradiciones socialistas y la trinidad de liberte, egalite, fraternite. **El Socialismo del Futuro**, Madrid, p. 48-55, dic. 1991.

FEHÉR, Ferenc. Marxismo como política: nota necrológica. **El Socialismo del Futuro**, Madrid, n. 5, p. 19-33, set. 1992.

FIOCCO, Gianluca. Divisor de águas do movimento comunista internacional. *In*: ARAUJO, Caetano Pereira de (org.). **Khruschov denuncia Stalin**. Brasília: FAP, 2022. p. 22-33.

FETSCHER, Iring. Bernstein e o desafio à ortodoxia. *In*: HOBSBAWM, Eric J. (org.). **História do marxismo**. Tradução de Carlos Nelson Coutinho e Leandro Konder. Rio de Janeiro: Paz e Terra, 1982. v. 2, p. 257-298.

FITZPATRICK, Sheila. **A Revolução Russa**. Tradução de José Geraldo Couto. São Paulo: Todavia, 2017.

FITZPATRICK, Sheila. **Breve história da URSS**. Tradução de Pedro M. Soares. São Paulo: Todavia, 2023.

FUKUYAMA, Francis. **O fim da história e o último homem**. Tradução de Aulyde Soares Rodrigues. Rio de Janeiro: Rocco, 1992.

GENOINO, José. O PT e a aposta na mão única. **Folha de São Paulo**, São Paulo, 16 out. 1994. p. A3.

GIDDENS, Anthony. **A terceira via**. Tradução de Maria Luiza X. de A. Borges. Rio de Janeiro: Record, 1999.

GLYN, Andrew. Os custos da estabilidade: os países avançados nos anos 80. *In*: SADER, Emir (org.). **O mundo depois da queda**. Tradução de Jamary França. Rio de Janeiro: Paz e Terra, 1995. p. 51-84.

GORBACHEV, Mikhail. El mundo futuro y el socialismo. **El Socialismo del Futuro**, Madrid, n. 1, p. 7-15, 1990.

GORBACHEV, Mikhail. **Perestroika**. Tradução de J. Alexandre. São Paulo: Best Seller, 1987.

GRAMSCI, Antonio. **Cadernos do cárcere**. Tradução de Luiz Sérgio Henriques, Marco Aurélio Nogueira e Carlos Nelson Coutinho. Rio de Janeiro: Civilização Brasileira, 2000, 2001 e 2002. v. 1, 3 e 5.

GRAMSCI, Antonio. A revolução contra O Capital. In: **Escritos políticos (1910-1920)**. Tradução Carlos Nelson Coutinho. Rio de Janeiro: Civilização Brasileira, 2004, v.1.

GRAY, Jack. A China de Mao. *In*: CIVITA, Victor. **História do século XX (1956/75)**. São Paulo: Abril Cultural, 1974. v. 6, p. 2.700-2.711.

HABERMAS, Jürgen. **A inclusão do outro**: estudos de teoria política. Tradução de Denílson Luís Werle. São Paulo: Edunesp, 2018.

HABERMAS, Jurgen. A nova intransparência. Tradução de Carlos Alberto M. Novaes. *In*: MONTEIRO, Paula; COMIN, Álvaro (org.). **Mão e contramão**. São Paulo: Globo, 2009. p. 231-257.

HAUPT, Georges. Marx e o marxismo. *In*: HOBSBAWM, Eric J. (org.). **História do marxismo**. Tradução de Carlos Nelson Coutinho e Nemésio Salles. Rio de Janeiro: Paz e Terra, 1980. v. 1, p. 247-376.

HELLER, Agnes. O fim do comunismo. (Tradução Ronald Lobato). **O Socialismo do Futuro**, São Paulo, n. 5, p. 9-18, set. 1992.

HENRIQUES, Luiz Sérgio. **Reformismo de esquerda e democracia política**. Brasília: FAP; Verbena; Fondazione Gramsci, 2018.

HILFERDING, Rudolf. **O capital financeiro**. Tradução de Reinaldo Mestrinel. São Paulo: Abril Cultural, 1985.

HIRST, Paul. **A democracia representativa e seus limites**. Tradução de Maria Luiza X. A. Borges. Rio de Janeiro: Jorge Zahar, 1992.

HOBSBAWM, Eric J. Depois da queda. *In*: BLACKBURN, Robin (org.). **Depois da queda**: o fracasso do comunismo e o futuro do socialismo. Tradução de Susan Senler. Rio de Janeiro: Paz e Terra, 1992. p. 93-106.

HOBSBAWM, Eric J. **Ecos da Marselhesa**. Tradução de Maria Célia Paoli. São Paulo: Cia. das Letras, 1996.

HOBSBAWM, Eric J. A cultura europeia e o marxismo entre o século XIX e o século XX. *In*: HOBSBAWM, Eric J. (org.). **História do marxismo**. Tradução de Leandro Konder e Carlos Nelson Coutinho. Rio de Janeiro: Paz e Terra, 1979a. v. 2, p. 75-124.

HOBSBAWM, Eric J. Marx, Engels e o socialismo pré-marxiano. *In*: HOBSBAWM, Eric J. (org.). **História do marxismo**. Tradução de Carlos Nelson Coutinho. Rio de Janeiro: Paz e Terra, 1979b. v. 1, p. 33-66.

HOBSBAWM, Eric J. **Os revolucionários**. Tradução de João Carlos V. Garcia e Adelângela S. Garcia. Rio de Janeiro: Paz e Terra, 1982.

HOBSBAWM, Eric. **A era dos extremos**: o breve século XX — 1914-1991. Tradução de Marcos Santarrita. São Paulo: Cia. das Letras, 1995.

HOBSBAWM, Eric J. **Viva la revolución**. Tradução de Pedro M. Soares. São Paulo: Cia. das Letras, 2017.

HONNETH, Axel. **A ideia de socialismo**. Tradução de Marian Toldy e Teresa Toldy. Lisboa: Edições 70, 2017.

HOSKYNS, Catherine. Duas tragédias: Congo e Biafra. *In*: **História do século XX**. São Paulo: Abril Cultural, 1974. v. 6, p. 2.586-2.597.

IANNI, Octávio. **Teorias da globalização**. Rio de Janeiro: Civilização Brasileira, 1995.

INGRAO, Pietro. **As massas e o poder**. Tradução de Luiz Mário Gazzaneo. Rio de Janeiro: Civilização Brasileira, 1980.

INTERNACIONAL COMUNISTA (IC), VI Congresso. *In*: ARICÓ, José (org.). México: Cuadernos Pasado, y presente, 1977. n. 66.

KAKUTANI, Michico. Americanos estão começando a ver ameaça que Trump representa (entrevista). **Folha de São Paulo**, São Paulo, 25 nov. 2018. p. A17.

KAUTSKY, Karl. **A ditadura do proletariado**. Tradução de Eduardo Sucupira. São Paulo: Ciências Humanas, 1979.

KHRUSCHOV, Nikita. Discurso em reunião fechada do XX Congresso do PCUS. *In*: ARAUJO, Caetano P. de (org.). **Khruschov denuncia Stalin**. Tradução de Rodrigo Ianhez. Brasília: Fundação Astrojildo Pereira, 2022. p. 30-124.

KONDER, Leandro. **Em torno de Marx**. São Paulo: Boitempo, 2010.

KORPI, Walter. Estrategias de los partidos socialistas reformistas en una economía mixta. **El Socialismo del Futuro**, Madrid, v. 1, n. 2, p. 126-135, 1990.

KORSCH, Karl. **Marxismo e filosofia**. Tradução de Antonio S. Ribeiro. Porto: Afrontamento, 1977.

KRIEGEL, Annie. **Las internacionales obreras**. Traducción de Antonio G. Valiente. Barcelona: Martinez Roca, 1968.

KURZ, Robert. **O colapso da modernização**. Tradução de Karen E. Barbosa. Rio de Janeiro: Paz e Terra, 1992.

LEFEBVRE, Henri. **Sociologia de Marx**. Tradução de Carlos R. A. Dias. São Paulo: Forense, 1968.

LENIN, Vladimir I. **A revolução proletária e o renegado Kautsky**. Tradução de Aristides Lobo. São Paulo: Ciências Humanas, 1979a.

LENIN, Vladimir I. O imperialismo, fase superior do capitalismo (ensaio popular). *In*: LENIN, Vladimir I. **Obras escolhidas**. São Paulo: Alfa-Ômega, 1979b. v. 1 p. 575-678.

LENIN, Vladimir I. Que fazer? *In*: LENIN, Vladimir I. **Obras escolhidas**. São Paulo: Alfa-Ômega, 1979c. v. 1, p. 79-214.

LENIN, Vladimir I. Teses e relatório sobre a democracia burguesa e a ditadura do proletariado. *In*: LENIN, Vladimir I. **Obras escolhidas**. São Paulo: Alfa-Ômega, 1980. v. 3, p. 76-88.

LENIN, Vladimir I. **O Estado e a revolução**. Tradução de Javert Monteiro. São Paulo: Global, 1987.

LENIN, Vladimir I. **Estado, ditadura do proletariado e poder soviético**. Tradução e organização de Antonio R. Bertelli. Belo Horizonte: Oficina de Livros, 1988.

LEVITSKY, Steven; ZIBLATT, Daniel. **Como as democracias morrem**. Tradução de Renato Aguiar. Rio de Janeiro: Zahar, 2018.

LEWIN, Moshe. **O século soviético**. Tradução de Silvia Souza Costa. Rio de Janeiro: Record, 2007.

LICHTHEIM, George. **Breve historia del socialismo**. 3. ed. Traducción de Josefina Rubia. Madrid: Alianza, 1979.

LUKÁCS, Georg. **História e consciência de classe**. Tradução de Rodnei Nascimento. São Paulo: Martins Fontes, 2003.

LUKÁCS, Georg. Tecnologia e relações sociais. *In*: BERTELLI, Antonio R. (org.). **Bukharin, teórico marxista**. Tradução de A. R. Bertelli. Belo Horizonte: Oficina de Livros, 1989. p. 41-51.

LUXEMBURGO, Rosa. **A revolução russa.** Tradução de Isabel Maria Loureiro. Petrópolis: Vozes, 1991.

MARIÁTEGUI, José Carlos. **Ideologia y política.** 15. ed. Lima: Amalta, 1985.

MARSHALL, T. H. **Cidadania:** classe social e status. Tradução de Meton P. Madeira. Rio de Janeiro: Zahar, 1967.

MARX, Karl. **Contribuição para a crítica da economia política.** 3. ed. Tradução de Maria Helena B. Alves. Lisboa: Estampa, 1974a.

MARX, Karl. **O 18 do brumário e cartas a Kugelmann.** Tradução de Leandro Konder. Rio de Janeiro: Paz e Terra, 1974b.

MARX, Karl. Crítica ao Programa de Gotha. *In*: MARX, Karl; ENGELS, Friedrich. **Textos.** São Paulo: Sociais, 1975a. v. 1, p. 221-243.

MARX, Karl. **O capital.** Tradução de Reginaldo Sant'Anna. 3. ed. Rio de Janeiro: Civilização Brasileira, 1975b. livro 3, v. 6.

MARX, Karl. Estatutos da Associação Internacional dos Trabalhadores. *In*: MARX, Karl; ENGELS, Friedrich. **Textos.** São Paulo: Sociais, 1977. v. 3, p. 322-32.

MARX, Karl. Teoria do processo histórico da revolução social. *In:* FERNANDES, Florestan (org.). **Marx e Engels.** São Paulo: Ática, 1983. p. 231-235.

MARX, Karl; ENGELS, Friedrich. Manifesto de 1848. *In*: MARX, Karl; ENGELS, Friedrich. **Cartas filosóficas e outros escritos.** São Paulo: Grijalbo, 1977. p. 51-116.

MARX, Karl; ENGELS, Friedrich. Mensagem do Comitê Central à Liga de março de 1850. *In*: FERNANDES, Florestan (org.). **Marx e Engels.** São Paulo: Ática, 1983a. p. 220-230.

MARX, Karl; ENGELS, Friedrich. Teoria e processo histórico da revolução social. *In*: FERNANDES, Florestan (org.). **Marx e Engels.** São Paulo: Ática, 1983b. p. 231-235.

McNEAL, Robert. As instituições da Rússia de Stalin. *In*: HOBSBAWM, Eric J. **História do marxismo.** Tradução de Carlos Nelson Coutinho, Luiz Sérgio Henriques e Amélia Rosa Coutinho. Rio de Janeiro: Paz e Terra, 1986. v. 7, p. 241-272.

MEYER, Michael. **1989:** o ano que mudou o mundo. Tradução de Pedro M. Soares. Rio de Janeiro: Zahar, 2009.

MICHELS, Robert. **Os partidos políticos.** Tradução de Hamilton Trevisan. São Paulo: Senzala, 1967.

MILANOVIC, Branko. **O futuro do sistema que domina o mundo.** Tradução de Bernardo Ajzenberg. São Paulo: Todavia, 2020.

MILIBAND, Ralph. **Marxismo e política.** Tradução de Nathanael C. Caixeiro. Rio de Janeiro: Zahar, 1979.

MILIBAND, Ralph. Reflexões sobre a crise dos regimes comunistas. *In*: BLACKBURN, Robin (org.). **Depois da queda:** o fracasso do comunismo e o futuro do socialismo. Tradução de Susan Senler. Rio de Janeiro: Paz e Terra, 1992. p. 21-35.

MILLS, Wright. **Os marxistas.** Tradução Álvaro Cabral. Rio de Janeiro: Zahar, 1968.

MOUNK, Yascha. **O povo contra a democracia:** por que nossa liberdade corre perigo e como salvá-la. Tradução de Cássio de Arantes Leite e Débora Landsburg. São Paulo: Cia. das Letras, 2019.

NEGT, Oskar. Rosa de Luxemburgo e a renovação do marxismo. *In*: HOBSBAWM, Eric J. (org.). **História do marxismo.** Tradução de Carlos Nelson Coutinho e Fátima Murad. Rio de Janeiro: Paz e Terra, 1984. v. 3, p. 11-52.

NOVE, Alec. **A economia do socialismo poss**ível. Tradução de Sérgio Goes de Paula. São Paulo: Ática, 1989.

NOVE, Alec. **A economia soviética.** Tradução de Afonso Blacheyre. Rio de Janeiro: Zahar, 1963.

NOVE, Alec. Economia soviética e marxismo: qual modelo socialista? *In*: HOBSBAWM, Eric J. (org.). **História do marxismo.** Tradução de Amélia Coutinho. Rio de Janeiro: Paz e Terra, 1986. v. 7, p. 105-136.

OERTZEN, Peter Von. O Estado de bem-estar e a sociedade: o caso da Alemanha. *In*: JAGUARIBE, Hélio *et al*. **A social-democracia alemã e o trabalhismo inglês.** Tradução de Maria Rosinda Ramos da Silva. Brasília: UnB, 1980. p. 49-78.

OFFE, Claus. A democracia partidária competitiva e o Welfare State keynesiano: fatores de estabilidade e desorganização. **Dados**, v. 26, n. 1, p. 29-51, 1983.

OLIVEIRA, Francisco de. O surgimento do antivalor: capital, força de trabalho e fundo público. *In*: MONTEIRO, Paula; COMIN, Álvaro (org.). **Mão e contramão.** São Paulo: Globo, 2009. p. 327-380.

OWEN, David. O Estado de bem-estar social: o caso da Inglaterra. *In*: JAGUARIBE, Hélio. **A social-democracia alemã e o trabalhismo inglês.** Tradução de Maria Rosinda Ramos da Silva. Brasília: UnB, 1980. p. 3-48.

PIKETTY, Thomas. **Uma breve história da igualdade**. Tradução de Maria de Fátima O. do Couto. Rio de Janeiro: Intrínseca, 2022.

PLEKHANOV, Gheorghi. **A concepção materialista da história**. 4. ed. Rio de Janeiro: Paz e Terra, 1974.

POMERANZ, Lenina. **Do socialismo soviético ao capitalismo russo**. São Paulo: Ateliê, 2018.

POMERANZ, Lenina. Introdução. *In*: POMERANZ, Lenina (org.). **Perestroika**: desafios da transformação social na URSS. São Paulo: Edusp, 1990. p. 11-45.

PONS, Silvio. **A revolução global**. Tradução de Luiz Sérgio Henriques. Rio de Janeiro: Contraponto; FAP; Fondazione Istituto Gramsci, 2014.

PORTANTIERO, Juan Carlos. O marxismo latino-americano. *In*: HOBSBAWM, Eric J. (org.). **História do marxismo**. Tradução de Carlos Nelson Coutinho. Rio de Janeiro: Paz e Terra, 1989. v. 11, p. 333-357.

PORTANTIERO, Juan Carlos. Os socialismos perante o século XXI. Tradução de Tânia Pellegrini. **Estudos de Sociologia**, n. 2, p. 3-9, 1. sem. 1997.

POULAIN, J. C. *et al*. **A social-democracia e a atualidade**. Tradução de Veiga Fialho. Rio de Janeiro: Civilização Brasileira, 1980.

PRZEWORSKI, Adam. A democracia está em crise, mas não morrerá (entrevista). **Folha de São Paulo**, São Paulo, 12 maio 2019. Ilustríssima, p. 6.

PRZEWORSKI, Adam. **Capitalismo e social-democracia**. Tradução de Laura T. Motta. São Paulo: Cia. das Letras, 1989.

PRZEWORSKI, Adam. **Crises da democracia**. Tradução de Berilo Vargas. Rio de Janeiro: Zahar, 2020.

RODRIGUES, Leôncio M. Lenin e o problema da burocracia na URSS. *In*: RODRIGUES, Leôncio M. **Partidos e sindicatos**. São Paulo: Ática, 1990. p. 77-104.

ROSDOLSKY, Roman. **Gênese e estrutura de O Capital de Karl Marx.** Tradução César Benjamin. Rio de Janeiro: Contraponto, 2001.

RODRIK, Dani. Do que a nova esquerda precisa. **Valor Econômico**, 2 jul. 2024. p. A18.

RUNCIMAN, David. **Como a democracia chega ao fim**. Tradução de Sergio Flaksman. São Paulo: Todavia, 2018.

SALVADORI, Massimo L. Kautsky entre a ortodoxia e o revisionismo. *In*: HOBSBAWM, Eric J. (org.). **História do marxismo**. Tradução de Carlos Nelson Coutinho e Leandro Konder. Rio de Janeiro: Paz e Terra, 1982. v. 2, p. 299-339.

SCHMITTER, Philippe C. Mais além e mais aquém do Estado nacional. **O Socialismo do Futuro**, Madri, n. 5, p. 106-115, set. 1992.

SCHUMPETER, Joseph A. **Capitalismo, socialismo e democracia**. Tradução de Sérgio Góes de Paula. Rio de Janeiro: Zahar, 1984.

SKOCPOL, Theda. **Estados e revoluções sociais.** Tradução Fátima Murta. Lisboa: Presença, 1985.

SEGATTO, José Antonio. **Política, relações sociais e cidadania.** Brasília; Rio de Janeiro: FAP; Contraponto; Fondazione Istituto Gramsci, 2015.

SEGATTO, José Antonio. Uma política para a democracia. *In*: SEGATTO, José Antonio; LAHUERTA, Milton; SANTOS, Raimundo (org.). **As esquerdas e a democracia**. Brasília: Verbena; FAP, 2017. p. 119-134.

SERGE, Victor. A luta pela liderança. *In*: HISTÓRIA do século XX. São Paulo: Abril Cultural, 1974. v. 3, p. 1.122-1.125.

SERGE, Victor. O destino de uma revolução. **O Estado de São Paulo**, São Paulo, 6 nov. 1977. Suplemento Cultural.

SCHLESINGER, Rudolf. **La Internacional Comunista y el problema colonial.** 2. ed. Traducción de Roberto Raschella. México: Cuadernos Pasado y Presente, 1977. n. 52.

SNYDER, Timothy. **Na contramão da liberdade**: a guinada autoritária nas democracias contemporâneas. Tradução de Berilo Vargas. São Paulo: Cia. das Letras, 2019.

SOCHOR, Lubomir. Lukács e Korsch: a discussão filosófica. *In*: HOBSBAWM, Eric J. (org.). **História do marxismo**. Tradução de Carlos Nelson Coutinho, Luiz Sérgio Henriques e Amélia Rosa Coutinho. Rio de Janeiro: Paz e Terra, 1987. v. 9, p. 13-75.

SPRIANO, Paolo. Marxismo e historicismo em Togliatti. *In*: HOBSBAWM, Eric J. (org.). **História do marxismo**. Tradução de Carlos Nelson Coutinho e Luiz Sérgio Henriques. Rio de Janeiro: Paz e Terra, 1987. v. 10, p. 253-306.

STALIN, Iosif V. **Materialismo dialético e materialismo histórico.** Tradução de Olinto Bekerman. São Paulo: Global, 1979.

TOGLIATTI, Palmiro *et al.* **O que é stalinismo?** São Paulo: Vitória, 1956.

TOGLIATTI, Palmiro. **Socialismo e democracia**. Tradução de Carlos Nelson Coutinho. São Paulo: Muro, 1980.

VACCA, Giuseppe. **Modernidades alternativas**. Tradução de Luiz Sérgio Henriques. Brasília: FAP; Contraponto; Fondazione Istituto Gramsci, 2016.

VACCA, Giuseppe. **Por um novo reformismo**. Tradução de Luiz Sérgio Henriques. Brasília; Rio de Janeiro: FAP; Contraponto, 2019.

VACCA, Giuseppe. **Vida e pensamento de Antonio Gramsci (1926-1937)**. Tradução de Luiz Sérgio Henriques. Rio de Janeiro: Contraponto; FAP; Fundazione Instituto Gramsci, 2012.

WALDENBERG, Marek. A estratégia política da social-democracia alemã. *In*: HOBSBAWM, Eric J. (org.). **História do marxismo**. Tradução de Carlos Nelson Coutinho e Leandro Konder. Rio de Janeiro: Paz e Terra, 1982. v. 2, p. 223-256.

WOLF, Martin. Capitalismo rentista ameaça a democracia. Tradução de Rachel Worszawski. **Financial Times**, 20 set. 2019. Valor, p. A13.